OECD-Handbuch für umweltbezogene Sorgfaltspflichten in mineralischen Rohstofflieferketten

OECD
BESSERE POLITIK FÜR
EIN BESSERES LEBEN

Bitte zitieren Sie diese Publikation wie folgt:
OECD (2024), *OECD-Handbuch für umweltbezogene Sorgfaltspflichten in mineralischen Rohstofflieferketten*, OECD Publishing, Paris, https://doi.org/10.1787/5dc13640-de.

ISBN 978-92-64-63657-6 (Druckfassung)
ISBN 978-92-64-85396-6 (PDF)
ISBN 978-92-64-33064-1 (HTML)
ISBN 978-92-64-54075-0 (epub)

Originaltitel: OECD (2023), *Handbook on Environmental Due Diligence in Mineral Supply Chains*, OECD Publishing, Paris, https://doi.org/10.1787/cef843bf-en.
Diese Übersetzung wurde von der Direktion für Finanzen und Unternehmen in Auftrag gegeben, und die OECD kann ihre Richtigkeit nicht garantieren. Die einzigen offiziellen Ausführungen sind die englischen und/oder französischen Texte.

Bildnachweis: Deckblatt © Dmitrii Zotov/Getty Images.

Korrigenda zu OECD-Publikationen sind verfügbar unter: www.oecd.org/about/publishing/corrigenda.htm.

Vorwort

Die OECD hat sich an vorderster Front für die Bereitstellung von Leitlinien dafür eingesetzt, wie Unternehmen ihren positiven Beitrag zur nachhaltigen Entwicklung maximieren können, indem sie die negativen Auswirkungen in ihren Tätigkeiten und Lieferketten erkennen und beheben. Diese Arbeit basiert auf drei wichtigen OECD-Instrumenten, die von den Regierungen unterstützte Empfehlungen für verantwortungsvolles unternehmerisches Handeln (RBC) geben: Die OECD-Leitsätze für multinationale Unternehmen zu verantwortungsvollem unternehmerischem Handeln, MNU-Leitsätze (OECD Guidelines for Multinational Enterprises on Responsible Business Conduct, MNE Guidelines), der OECD-Leitfaden für die Erfüllung der Sorgfaltspflicht für verantwortungsvolles unternehmerisches Handeln (OECD Due Diligence Guidance for Responsible Business Conduct – RBC Guidance) und im Mineraliensektor der OECD-Leitfaden für die Erfüllung der Sorgfaltspflicht zur Förderung verantwortungsvoller Lieferketten für Minerale aus Konflikt- und Hochrisikogebieten (OECD Due Diligence Guidance for Responsible Supply Chains of Minerals from Conflict-Affected and High-Risk Areas, Minerals Guidance). Gemeinsam legen diese Instrumente die Erwartungen der Regierungen an die Unternehmen fest, eine Due Diligence durchzuführen, um tatsächliche und potenzielle negative Auswirkungen in mineralischen Rohstofflieferketten zu ermitteln, zu vermeiden und zu mindern.

Zweck dieses Handbuchs ist es, die Umsetzung der OECD-Standards zu verantwortungsvollem unternehmerischem Handeln durch Unternehmen zu unterstützen, indem erläutert wird, wie der OECD-Rahmen für die Sorgfaltspflichten zur Berücksichtigung von Umweltrisiken und negativen Umweltauswirkungen in mineralischen Rohstofflieferketten von der Gewinnung über die Verarbeitung, Verhüttung oder Raffination bis hin zum Recycling genutzt werden kann. Dieses Handbuch ist Teil der Arbeit, die die OECD unternimmt, um Unternehmen praktische Unterstützung bei der Umsetzung von Standards zu RBC-Risiken zu geben. Ein früheres Beispiel im Mineraliensektor waren die Praktischen Maßnahmen für Unternehmen, um die schlimmsten Formen der Kinderarbeit in mineralischen Rohstofflieferketten zu ermitteln und zu bekämpfen. Neben den mineralischen Rohstofflieferketten hat die OECD auch maßgeschneiderte Leitlinien entwickelt, um Unternehmen bei der Umsetzung der Sorgfaltspflichten in anderen Sektoren zu unterstützen, insbesondere in der Bekleidungs- und Schuhindustrie, im Finanzsektor und in der Landwirtschaft.

Danksagung

Das Projekt wurde zum Teil vom Bundesministerium für Umwelt, Naturschutz, nukleare Sicherheit und Verbraucherschutz (BMUV) finanziert. Das Umweltbundesamt (UBA) und die Bundesanstalt für Geowissenschaften und Rohstoffe (BGR) leisteten Unterstützung und Hilfe.

Dieses Handbuch wurde vom OECD-Zentrum für verantwortungsvolles unternehmerisches Handeln verfasst, das sich dabei auf das Fachwissen und die Unterstützung des UBA, der BGR und des OECD-Umweltdirektorats stützte. Levin Sources Limited leistete Unterstützung bei der anfänglichen Ausarbeitung und dem Konsultationsprozess. Das Dokument profitierte auch von den Beiträgen von 25 Organisationen im Rahmen einer Expertenarbeitsgruppe, darunter Vertreter von Regierungen, des Privatsektors und der Zivilgesellschaft. Die Autoren möchten sich bei den Mitgliedern der Expertenarbeitsgruppe für ihre Zeit und ihre wertvollen Beiträge bedanken. Während der Abfassung des Handbuchs hielt das OECD-Sekretariat mehrere Arbeitssitzungen mit Experten für den artisanalen und Kleinbergbau, Abhilfemaßnahmen, Kreislaufwirtschaft und Recycling ab. Darüber hinaus erhielt das Sekretariat im Rahmen einer informellen öffentlichen Konsultation, die von Juli bis September 2022 stattfand, umfangreiches Feedback von der Industrie und der Zivilgesellschaft. Auch von den Delegierten der OECD-Arbeitsgruppe zu verantwortungsvollem unternehmerischem Handeln (WPRBC) gingen Beiträge ein. Das Sekretariat möchte all jenen danken, die ihre Zeit investiert und ihr Wissen im Rahmen dieser Prozesse geteilt haben.

Inhaltsverzeichnis

Vorwort 3

Danksagung 4

Kurzfassung 7

1 Einführung 8
Warum umweltbezogene Sorgfaltspflichten für Unternehmen in mineralischen Lieferketten wichtig sind 9
Kreislaufwirtschaft und verstärkte Nutzung von Sekundärressourcen 10
Beschaffung aus dem artisanalen und Kleinbergbau (ASM) 11

2 Umweltrisiken und-auswirkungen verstehen 13
Was beinhaltet das Handbuch? 14
Was wird unter Umweltrisiken und negativen Auswirkungen verstanden und wie sollten Unternehmen den Schweregrad bewerten? 15

3 Sorgfaltspflichten als Instrument 19
Risikobasierte Due Diligence zur Bewältigung von Umweltrisiken und negativen Auswirkungen 20
Zielpublikum und Verantwortung für die Sorgfaltspflichten 21

4 Sechsstufiger Due-Diligence-Ansatz 26
Integration des Umweltrisikomanagements in Due-Diligence-Systeme 27
Schritt 1: Verankern von verantwortungsvollem unternehmerischem Handeln in Strategien und Managementsystemen 27
Schritt 2: Tatsächliche und potenzielle negative Auswirkungen im Zusammenhang mit Geschäftstätigkeiten, Produkten oder Dienstleistungen des Unternehmens bestimmen und bewerten 32
Schritt 3: Negative Auswirkungen beseitigen, vermeiden und mindern 46
Schritt 4: Umsetzung und Ergebnisse nachverfolgen 53
Schritt 5: Umgang mit Auswirkungen kommunizieren 56
Schritt 6: Gegebenenfalls Wiedergutmachung leisten oder dabei kooperieren 58

Anhang A. Glossar von Umweltbegriffen 62

Anhang B. Nicht vollständige Liste von Instrumenten zur Ermittlung, Bewertung und Management von Umweltrisiken un -auswirkungen 66

Literaturverzeichnis 69

Anmerkungen 73

ABBILDUNGEN

Abbildung 1. Umgang mit den Umweltauswirkungen in mineralischen Rohstofflieferketten 23
Abbildung 2. Gemeinsame Nutzung der OECD-Instrumente für RBC 25
Abbildung 3. Due-Diligence-Prozesse und unterstützende Maßnahmen („Effekte" hier = „Auswirkungen") 27
Abbildung 4. Umgang mit negativen Auswirkungen 47

TABELLEN

Tabelle 1. Beispiele für Indikatoren für Ausmaß, Umfang und unwiederbringlichen Charakter schädlicher Umweltauswirkungen 16
Tabelle 2. Beispiele für Umweltprobleme in vorgelagerten Mineral-Lieferketten 17
Tabelle 3. Integration von UMS in umfassendere RBC-Überlegungen 32
Tabelle 4. Beispiele für Indikatoren und Informationsquellen zur Ermittlung und Bewertung der wichtigsten Umweltrisiken in vorgelagerten Lieferketten 36
Tabelle 5. Beispiele für Bedingungen im Zusammenhang mit Bergbau, Aufbereitung, Verhüttung, Recycling oder Raffination (je nach Risikotyp), die eine vertiefte Due Diligence rechtfertigen können 41
Tabelle 6. Beispiele für mögliche Vermeidungs- und Minderungsnahmen von Lieferanten für Umweltrisiken 50

Kurzfassung

Unternehmen spielen eine Schlüsselrolle bei der Förderung einer nachhaltigen Wirtschaft und können dazu beitragen, eine wirksame und fortschrittliche Antwort auf globale, regionale und lokale Umweltherausforderungen zu geben, einschließlich der dringenden Bedrohung durch den Klimawandel. Das vorgelagerte Segment der Mineral-Lieferkette (im Allgemeinen als vom Punkt der Gewinnung bis zum Umwandlungspunkt verstanden) wird traditionell mit erheblichen Umweltrisiken und -auswirkungen in Verbindung gebracht. Gleichzeitig wächst der Sektor, angetrieben durch eine steigende Nachfrage nach Mineralen, um den Materialbedarf einer wachsenden und zunehmend wohlhabenden Weltbevölkerung zu decken sowie durch ehrgeizige Ziele von Regierungen und Unternehmen im Bereich der erneuerbaren Energien und eine steigende Nachfrage nach Mineralen, die für die Energiewende und den digitalen Wandel von entscheidender Bedeutung sind, wie z. B. Kobalt, Kupfer, Lithium, Nickel und Seltene Erden.[1] Obwohl eine auf dem Recycling und der Wiederverwendung von Mineralen beruhende „Kreislaufwirtschaft" eindeutig das Potenzial hat, bestimmte Umweltrisiken und negative Auswirkungen zu verringern, wird die primäre Gewinnung von Mineralen weiterhin von entscheidender Bedeutung sein, um den Übergang zu einer kohlenstoffarmen Wirtschaft zu vollziehen und die Ziele für nachhaltige Entwicklung (SDGs) mit der erforderlichen Geschwindigkeit zu erreichen.[2]

Dieses Handbuch bietet eine Einführung in Umweltfragen im vorgelagerten Segment der mineralischen Rohstofflieferketten. Es soll nachgelagerten Unternehmen (Metallhändlern und -börsen, Komponentenherstellern, Produktherstellern, Erstausrüstern und Einzelhändlern) zu verstehen helfen, wie sie Umweltaspekte in ihre Sorgfaltspflichtprozesse in der Lieferkette einbeziehen können, und gleichzeitig vorgelagerten Unternehmen (Bergbauunternehmen, lokalen Händlern und Exporteuren, internationalen Konzentratshändlern, Metallhütten und Raffinerien sowie Recyclingunternehmen[3]) dabei unterstützen, die Sorgfaltspflicht-Erwartungen ihrer Kunden und anderer nachgelagerter Geschäftspartner zu erfüllen.

Das Handbuch besteht aus vier Teilen. **Kapitel 1** liefert den Hintergrund dafür, warum risikobasierte umweltbezogene Sorgfaltspflichten für in mineralischen Rohstofflieferketten tätige Unternehmen wichtig sind, und betrachtet umweltbezogene Sorgfaltspflichten im Zusammenhang mit zwei wichtigen Themen im Mineraliensektor: Artisanaler und Kleinbergbau (ASM) und Ansätze für Kreislauf-Wertschöpfungsketten. In **Kapitel 2** wird erläutert, was unter schädlichen Umweltauswirkungen verstanden wird, und es werden Beispiele für häufige Umweltprobleme in vorgelagerten mineralischen Rohstofflieferketten gegeben. Außerdem soll es den Unternehmen helfen, die Faktoren zu verstehen, die die Schwere und Wahrscheinlichkeit von Umweltrisiken beeinflussen können. **Kapitel 3** erörtert die Integration von Umweltrisiken und -auswirkungen in die Umsetzung des sechsstufigen OECD-Rahmens für die Sorgfaltspflichten der Unternehmen, und **Kapitel 4** führt den Leser schließlich durch den sechsstufigen risikobasierten Sorgfaltspflichtrahmen und beantwortet spezifische Fragen dazu, wie Unternehmen Umweltaspekte bei jedem der Schritte berücksichtigen können. Anhang A enthält ein Glossar von Umweltbegriffen und Anhang B eine – nicht umfassende – Liste nützlicher Ressourcen und Materialien.

1 Einführung

In der Einführung wird dargelegt, warum risikobasierte umweltbezogene Sorgfaltspflichten für Unternehmen in mineralischen Rohstofflieferketten wichtig sind. Die umweltbezogenen Sorgfaltspflichten werden im Zusammenhang mit zwei wichtigen Themen im Mineraliensektor betrachtet: Artisanaler und Kleinbergbau (ASM) sowie Ansätze für Kreislauf-Wertschöpfungsketten.

Warum umweltbezogene Sorgfaltspflichten für Unternehmen in mineralischen Lieferketten wichtig sind

Unternehmen spielen eine Schlüsselrolle bei der Förderung einer nachhaltigen Wirtschaft und können dazu beitragen, eine wirksame und fortschrittliche Antwort auf globale, regionale und lokale Umweltherausforderungen zu geben, einschließlich eines Beitrags zur Erreichung der Ziele zur Eindämmung des Klimawandels und zur Anpassung an ihn. Gleichzeitig birgt die Umweltzerstörung Risiken für die Menschen und den Planeten, die durch unternehmerische Aktivitäten noch verstärkt werden können. Die Erwartungen an Umweltschutzmaßnahmen des Privatsektors wurden von der Politik, der Zivilgesellschaft, der Wissenschaft, den Investoren und der Industrie selbst geweckt, wobei öffentlicher Druck und Rechtsstreitigkeiten eine wichtige Rolle spielen.[4] Die national festgelegten Beiträge (Nationally Determined Contributions, NDCs) beinhalten das Ziel, Finanzströme für eine treibhausgasarme und klimaresiliente Entwicklung zu mobilisieren und nicht-vertragsgebundene Akteure, einschließlich der Unternehmen, als integralen Bestandteil der globalen Lösung anzuerkennen (United Nations Framework Convention on Climate Change, 2016[1]).[5]

Die steigende Nachfrage nach Mineralen zur Deckung des Materialbedarfs einer wachsenden und zunehmend wohlhabenden Weltbevölkerung (OECD, 2019[2]),[6] die Ziele für erneuerbare Energien und die Nachfrage nach Mineralen wie Kobalt, Kupfer und Lithium für die Energiewende und den digitalen Wandel treiben das Wachstum im Bergbau- und Metallsektor an. Obwohl eine auf dem Recycling und der Wiederverwendung von Mineralen beruhende „Kreislaufwirtschaft" eindeutig das Potenzial hat, bestimmte Umweltrisiken und negative Auswirkungen zu verringern, wird die primäre Gewinnung von Mineralen weiterhin entscheidend sein, um den Übergang zu kohlenstoffarmen Technologien zu schaffen und im weiteren Sinne die Ziele für nachhaltige Entwicklung (SDGs) zu erreichen.[7] Die derzeit im Umlauf befindlichen Metallmengen reichen nicht aus, um kohlenstoffarme Technologien in einem Umfang einzusetzen, der im Einklang mit den vereinbarten Klimazielen ist, deshalb müssen Minerale weiterhin gefördert werden (IEA, 2021[3]).

Die Ermittlung und Behebung negativer Umweltauswirkungen im vorgelagerten Bereich, in dem die primäre Mineraliengewinnung stattfindet, kann einem Unternehmen dabei helfen, seinen positiven Beitrag zur Gesellschaft und zur nachhaltigen Entwicklung zu maximieren, die Beziehungen zu den Stakeholdern zu verbessern, seinen Ruf zu schützen und durch Senkung der Betriebskosten mehr Wert zu schaffen, indem es z. B. Wege findet, weniger Wasser oder Energie zu verbrauchen. Due Diligence Prozesse können auch dazu beitragen, Blockaden und Verzögerungen in der Lieferkette zu vermeiden und die Zeit bis zur Inbetriebnahme neuer Anlagen zu verkürzen, was bei der Umsetzung des digitalen und kohlenstoffarmen Energiewandels von entscheidender Bedeutung ist. Umfassende Due-Diligence-Prozesse können einem Unternehmen auch dabei helfen, die gesetzlichen Anforderungen in Bezug auf Arbeits- und Umweltschutz, Unternehmensführung und Korruptionsbekämpfung zu erfüllen.

Die Resolution 76/300 der Generalversammlung der Vereinten Nationen und die Resolution 48/13 des UN-Menschenrechtsrats haben beide die Achtung und Einhaltung des Menschenrechts auf eine saubere und gesunde Umwelt anerkannt.[8] Ein Unternehmen muss die Zusammenhänge zwischen Umwelt- und Menschenrechtsrisiken im Mineraliensektor verstehen und wissen, wie Due-Diligence-Prozesse – die häufig bereits für Menschenrechtsrisiken eingesetzt werden – bei der Bewältigung von Umweltrisiken genutzt werden können und umgekehrt. Sobald Umweltrisiken und negative Auswirkungen ermittelt worden sind, sollte ein Unternehmen die Art und Weise überlegen, in der sie zu Menschenrechtsrisiken und negativen Auswirkungen führen, und sicherstellen, dass jede Minderung oder Abhilfe beide Kategorien berücksichtigt. Die Anerkennung des Menschenrechts auf eine saubere und gesunde Umwelt ist besonders wichtig, um einen *gerechten* Übergang zu globalen Netto-Null-Emissionen und ein fortgesetztes verantwortungsvolles Engagement anstelle eines Rückzugs als primären Ansatz für das Umweltrisikomanagement in Lieferketten zu gewährleisten.

Kreislaufwirtschaft und verstärkte Nutzung von Sekundärressourcen

Wie bereits erwähnt, kann die Nachfrage nach Mineralen und Metallen zur Unterstützung einer wachsenden, kohlenstoffarmen Weltwirtschaft in den kommenden Jahrzehnten nicht allein durch eine Art von Quelle gedeckt werden. Sowohl primäre (abgebaute) als auch sekundäre (wiederverwendete, aufgearbeitete, wiederaufbereitete, recycelte, energetisch verwertete) Materialien werden für das Bewältigen des Übergangs zu sauberer Energie und Digitalisierung entscheidend sein. Dieses Handbuch fördert daher das verantwortungsvolle unternehmerische Handeln in den Bereichen Bergbau, Recycling sowie Mineral- und Metallaufbereitung, die alle für eine nachhaltige Entwicklung von entscheidender Bedeutung sind.[9]

Kasten 1. Kreislaufwirtschaft

Obwohl es keine einheitliche Definition der Kreislaufwirtschaft gibt, zielt eine Kreislaufwirtschaft auf folgende Bereiche ab: (i) Den Wert der in der Wirtschaft zirkulierenden Materialien und Produkte zu maximieren; (ii) den Materialverbrauch zu minimieren, mit besonderem Augenmerk auf neue Materialien, gefährliche Stoffe und bestimmte Abfallströme (wie Kunststoffe, Lebensmittel, elektrische und elektronische Waren); (iii) die Entstehung von Abfällen zu vermeiden und (iv) gefährliche Bestandteile sowohl in Abfällen als auch in Produkten zu reduzieren (OECD, 2020[4]; OECD, 2021[5]).

Bei der Verfolgung einer Kreislaufwirtschaft gibt es eine Reihe von Mechanismen, die den Fluss von Produkten und Materialien durch die Wirtschaft verändern und letztlich zu einer geringeren Entnahme von natürlichen Ressourcen führen können. Die OECD hat die folgenden drei Hauptmechanismen hervorgehoben:

- Schließung von Ressourcenkreisläufen – die Umleitung von Abfällen aus der Entsorgung zur anschließenden Umwandlung in Sekundärrohstoffe.
- Verlangsamung der Ressourcenkreisläufe oder -ströme – Verbleib von Produkten und ihren Bestandteilen in der Wirtschaft über längere Zeiträume.
- Verkleinerung der Ressourcenströme – Erzeugung eines zusätzlichen wirtschaftlichen Wertes aus einer bestimmten Menge natürlicher Ressourcen (OECD, 2019[6]).

Quelle: OECD-Leitfaden für die Erfüllung der Sorgfaltspflicht für verantwortungsvolles unternehmerisches Handeln [OECD (2021[7]), The role of OECD instruments on responsible business conduct in progressing environmental objectives], https://mneguidelines.oecd.org/The-role-of-OECD-instruments-on-responsible-business-conduct-in-progressing-environmental-objectives.pdf .

Die Anwendung der Grundsätze der Kreislaufwirtschaft und die Verwendung von Sekundärmaterialien können zur Minderung der Umweltauswirkungen beitragen (Bibas, Chateau and Lanzi, 2021[8]; OECD, 2019[2]). Nachgelagerte Unternehmen sowie vorgelagerte Unternehmen wie Schmelzhütten oder Raffinerien können prüfen, wo es Möglichkeiten gibt, die Grundsätze der Kreislaufwirtschaft bei der Planung, der Produktion, der Wiederaufbereitung, dem Vertrieb, dem Verbrauch und der Sammlung ihrer Produkte umzusetzen, und wie diese Möglichkeiten in ihr Geschäftsmodell integriert werden können. Die Grundsätze der Kreislaufwirtschaft müssen in den mineralischen Rohstofflieferketten ausgedehnt und verbessert werden, damit Materialien effizienter und routinemäßiger gesammelt und aus Altprodukten zurückgewonnen werden können. Die Verwendung von Sekundärrohstoffen als Ergänzung oder Ersatz für Primärrohstoffe kann die Minderung der Umweltbelastung ermöglichen, wenn Sekundärmaterialien oder Energie aus Sekundärrohstoffen verantwortungsvoll gewonnen werden.

Die Verfügbarkeit von Recyclingmaterialien auf dem Markt hängt von der Verfügbarkeit von recycelbaren Materialien ab, aber auch von ihren tatsächlichen Recyclingraten (die von den derzeit eingesetzten

Technologien, den wirtschaftlichen Argumenten für das Recycling, den geltenden Vorschriften usw. abhängen) und von Materialien aus "anthropogenen Lagerstätten" (in Gebrauch befindliche Materialbestände), die erst mit einer gewissen Verzögerung verfügbar werden (IEA, 2021[3]). Bei Massenmetallen sind die Recyclingpraktiken gut etabliert und die Metalle sind leicht verfügbar, was jedoch bei vielen Metallen wie Lithium und bei Seltenen Erden, die für die Energiewende wichtig sind, noch nicht der Fall ist. Es wird erwartet, dass die Abfallströme aus sauberen Energietechnologien (z. B. Batterien und Windturbinen) nach 2030 zunehmen werden, zu einer Zeit, in der die Nachfrage nach Mineralen noch immer stark wachsen wird. Die IEA schätzt, dass bis 2040 die recycelten Mengen an Kupfer, Lithium, Nickel und Kobalt aus Altbatterien den kombinierten Primärversorgungsbedarf für diese Metalle um etwa 10% senken könnten (IEA, 2021[3]).

Recycling wird die Notwendigkeit weiterer Investitionen in die Primärversorgung mit Mineralen nicht beseitigen, und nach Angaben der Weltbank werden Investitionen in die Primärversorgung auch dann noch erforderlich sein, wenn die Recyclingraten bis 2050 100% erreichen (World Bank, 2020[9]). Das Handbuch erkennt daher die Rolle sowohl der primären als auch der sekundären Lieferketten für die nachhaltige Entwicklung an, weist aber auch darauf hin, dass beide bei schlechtem Management Umweltrisiken und -auswirkungen verursachen können. Es ist wichtig zu betonen, dass der Primärbergbau zwar im Allgemeinen mehr Umweltrisiken birgt als das Recycling, aber für Regionen mit hohem Mineralienvorkommen erhebliche wirtschaftliche Chancen bieten kann (und in einigen Orten die einzige wirtschaftliche Chance ist), vorausgesetzt, es gibt eine gute Regierungsführung und eine gerechte Verteilung der Vorteile für den Staat, die lokalen Gemeinschaften und die Investoren.

Beschaffung aus dem artisanalen und Kleinbergbau (ASM)

Eines der übergreifenden Ziele der OECD-RBC-Instrumente ist die nachhaltige Entwicklung von Bergbaugemeinden durch verantwortungsvolles Engagement, auch in Konflikt- und Hochrisikogebieten, in denen viele Produzenten informell tätig sind. ASM birgt einige spezielle Risiken, und es empfiehlt sich zu versuchen, sie zu behandeln. Wenn man ganz vermeidet, diese Risiken zu bekämpfen, verschlechtert sich die Situation der Bergbaugemeinden in der Regel.

ASM ist in vielen Regionen der Welt eine Quelle für den Lebensunterhalt und die Beschäftigung. Schätzungen zufolge sind weltweit zwischen 40 und 100 Millionen Menschen im ASM beschäftigt, im Vergleich zu 7 Millionen im industriellen Bergbau (IGF, 2017[10]). SM ist nicht nur eine wichtige Beschäftigungsquelle in vielen Entwicklungsländern, sondern kann auch dazu beitragen, die Versorgungssicherheit für kritische Minerale zu gewährleisten, einschließlich derjenigen, die für den grünen Wandel entscheidend sind (Moore et al., 2020[11]).

In vielen Ländern findet ASM in einer rechtlichen Grauzone statt, in der seine wirtschaftliche Rolle vom Staat nicht ausdrücklich anerkannt und gefördert wird, auch nicht durch entsprechende Gesetze oder Vorschriften, aber weitgehend toleriert wird. Der Minerale-Leitfaden ermutigt Unternehmen, sich mit „legitimem ASM“ zu befassen, und bietet einen Rahmen dafür. Dieser Rahmen wird in den OECD FAQ zur Beschaffung von Gold aus artisanalem und Kleinbergbau (FAQ Sourcing Gold from Artisanal and Small-Scale Miners) näher erläutert (OECD, 2016[12])

Ein verantwortungsvolles Engagement der ASM-Produzenten kann zu einer schrittweisen Formalisierung der ASM-Aktivitäten führen. Formalisierte Minenstandorte sind eher in der Lage, über offizielle Handelskanäle zu arbeiten, Risikomanagementpläne umzusetzen, und scheinen mehr behördlichen Inspektionsbesuchen bezüglich Umwelt, Abfallmanagement und Radioaktivität zu unterliegen. In Anbetracht dieser Überlegungen empfiehlt dieses Handbuch, dass Unternehmen und andere Interessengruppen versuchen sollten, mit rechtmäßigen ASM-Produzenten im Geiste einer schrittweisen Verbesserung zusammenzuarbeiten, indem sie auch die Bereitstellung technischer und finanzieller Unterstützung in Betracht ziehen, um ASM-Akteuren bei der Umsetzung von Plänen für

Korrekturmaßnahmen zu helfen. Um diese Unterstützung zu regeln, gibt es bereits mehrere von der Industrie oder Interessengruppen geleitete Mechanismen der Zusammenarbeit und Kostenteilung, und es besteht die Möglichkeit, weitere zu entwickeln.[10]

2 Umweltrisiken und- auswirkungen verstehen

In diesem Kapitel wird geklärt, was unter Umweltrisiken und -auswirkungen verstanden wird, und es werden Beispiele für häufige Umweltprobleme in vorgelagerten mineralischen Rohstofflieferketten angeführt. Das Kapitel hilft Unternehmen auch dabei, Faktoren zu verstehen, die die Schwere und Wahrscheinlichkeit von Risiken beeinflussen können – beide sind wichtige Überlegungen bei der Durchführung einer risikobasierten Due Diligence.

Was beinhaltet das Handbuch?

Dieses Handbuch befasst sich mit einer Reihe von Umweltrisiken und -auswirkungen, die in mineralischen Rohstofflieferketten entstehen können, und zwar vom Abbau bis zu den wichtigsten Umwandlungsprozessen, in erster Linie bei Bergbau, Verhüttung, Raffination und Recycling, für alle Minerale und Metalle (ob für den Inlands- oder den Exportmarkt), einschließlich Baumaterialien, Industriemineralien, Basismetalle, Edelmetalle, Edelsteine und Technologiemetalle (OECD, 2021[13])). Umweltauswirkungen können kollektiv und miteinander verbunden oder isoliert sowie lokal begrenzt oder grenzüberschreitend sein.

Das Handbuch konzentriert sich auf die folgenden negativen Umweltauswirkungen in mineralischen Rohstofflieferketten:[11]

- Klimawandel
- Verlust und Beeinträchtigung der Biodiversität,[12] die sich auf Arten und terrestrische, marine und andere aquatische Ökosysteme bezieht (z. B. Entwaldung, Schädigung von Schutzgebieten und Bodenerosion)
- Luft-, Wasser- und Bodenkontamination
- unzureichende Abfallwirtschaft, einschließlich Gefahrstoffe
- Lärm und Vibrationen
- Beeinträchtigung der Ästhetik und des kulturellen Erbes
- Verknappung von Wasser.

Angesichts des breiten Spektrums von Umweltrisiken und negativen Auswirkungen, die sich aus vorgelagerten Aktivitäten in mineralischen Rohstofflieferketten ergeben können, und der verschiedenen Arten, in denen sich diese in unterschiedlichen Kontexten manifestieren können, erhebt dieses Handbuch keinen Anspruch auf Vollständigkeit und liefert keine ausführlichen Details für jeden Umweltrisikobereich. Stattdessen werden Beispiele angeführt und die Leser auf zusätzliche Ressourcen verwiesen, die weitere technische Informationen über bewährte Verfahren zur Bewertung, Vermeidung, Minderung und Wiedergutmachung von Umweltrisiken und negativen Auswirkungen entlang von mineralischen Rohstofflieferketten liefern können.

Kasten 2. Verschiedene Arten, wie Umweltauswirkungen entstehen und sich manifestieren können

Mögliche Umweltauswirkungen in mineralischen Rohstofflieferketten können auf verschiedene Weise verstanden werden:

Auswirkungen, die sich direkt aus den betrieblichen Praktiken eines Unternehmens ergeben. Wenn ein Unternehmen beispielsweise ein Gebiet beräumt und das zu einem Biodiversitätsverlust führt (z. B. Wälder, Feuchtgebiete, Korallenriffe), oder wenn ein Bergwerk giftige Abfälle einleitet, die zu Luft-, Wasser- oder Bodenkontamination führen, können folgende Auswirkungen auftreten:

- Auf lokaler Ebene (z. B. bergbaubedingte Ableitung von sauren und metallhaltigen Abwässern, die lokale Gebiete beeinträchtigen, oder wenn ein Goldverarbeiter Quecksilber aus Amalgam herausbrennt, wodurch windabwärts gelegene Gebiete kontaminiert werden).
- In großer Entfernung (z. B. kontinuierliche Emission großer Mengen von Luftschadstoffen durch eine Schmelzhütte, die zu saurem Regen in der Ferne führt, oder die Ablagerung von Tailings in Flüssen – wenn Tailings über große Entfernungen in Flüssen transportiert werden und die Ablagerung von Sedimenten weit flussabwärts Auswirkungen hat).

Auswirkungen, die durch die Betriebspraktiken eines Unternehmens ermöglicht werden, aber nicht direkt daraus resultieren,[13] zum Beispiel:

- Bei der Investition in ein Stahlwerk stimmen die Vorstandsmitglieder gegen die Installation teurer Anlagen zur Behandlung von Abwässern, die die örtlichen Wasserquellen kontaminieren.
- Bei der Erschließung von Straßen in zuvor unzugänglichen Gebieten, die andere Wirtschaftsakteure anziehen, die wiederum Umweltauswirkungen verursachen (z. B. Rodung von Primär- oder Sekundärwald).

Auswirkungen kumulativer und kollektiver Natur. Kombinierte Auswirkungen auf die Umwelt von mehr als einer Aktivität, die über einen bestimmten Zeitraum (kumulativ) oder gleichzeitig durch mehrere Akteure (kollektiv) stattfinden können, wobei die Gesamtauswirkung größer sein kann als die der einzelnen Aktivitäten.

- Zum Beispiel, wenn Bergleute und Landwirte in demselben Gebiet gemeinsam einen Wald beeinträchtigen oder verschiedene Bergbaubetreiber in demselben Wassereinzugsgebiet die Störung aquatischer Ökosysteme verstärken, oder wenn die Emissionen mehrerer Raffinerien die Luftqualität in einem Lufteinzugsgebiet verschlechtern oder eine Metallhütte oder eine Raffinerie durch den Verbrauch fossiler Brennstoffe Treibhausgase in einer Weise erzeugen, die nicht mit den international vereinbarten globalen Temperaturzielen vereinbar ist (IFC, 2013[14]).

Auswirkungen, die chronische, anhaltende oder ständig wiederkehrende negative Folgen für menschliche oder umweltbezogene Systeme über einen langen Zeitraum haben:

- Zum Beispiel führt der großflächige Verbrauch von Wasser zu Wasserknappheit und lokalen Auswirkungen auf aquatische Ökosysteme.

Auswirkungen, die dauerhaft oder irreversibel sind und ohne grundlegende oder merkbare Veränderungen fortbestehen, stellen eine unbehebbare Auswirkung dar:

- Zum Beispiel die Abholzung des primären Regenwaldes oder Aktivitäten, die das Aussterben einer bestimmten Art verursachen.

Auswirkungen, die akut sind und über einen kurzen Zeitraum auftreten, beschreiben kurze Expositionen und Auswirkungen, die unmittelbar nach der Exposition auftreten:

- Zum Beispiel das Versagen eines Tailingsdamms, das zu erheblichen und unmittelbaren Schäden für die lokale Umwelt und Gemeinden führt.

Die OECD-Leitsätze für multinationale Unternehmen enthalten spezifische Empfehlungen für das Verständnis und die Bewertung von Umweltauswirkungen, die mit den Tätigkeiten, Produkten und Dienstleistungen eines Unternehmens verbunden sind (siehe Kasten 3 unten).

Was wird unter Umweltrisiken und negativen Auswirkungen verstanden und wie sollten Unternehmen den Schweregrad bewerten?

Für viele Unternehmen bedeutet der Begriff *Risiko* ein finanzielles, Markt-, Betriebs- oder Reputationsrisiko für das Unternehmen selbst. Im Gegensatz dazu beziehen sich die MNU-Leitsätze auf durch Unternehmen verursachte Risiken für Mensch, Umwelt und Gesellschaft, zu denen sie beitragen oder mit denen sie direkt verbunden sind – ein nach außen gerichteter Risiko-Ansatz.

Um die Schwere einer Umweltauswirkung zu beurteilen, sollten Unternehmen das Ausmaß, den Umfang und unwiederbringlichen Charakter der Auswirkung berücksichtigen (siehe Tabelle 1 unten für Beispiele für Ausmaß, Umfang und unwiederbringlichen Charakter der Auswirkung im Zusammenhang mit Umweltauswirkungen).[14]

Tabelle 1. Beispiele für Indikatoren für Ausmaß, Umfang und unwiederbringlichen Charakter schädlicher Umweltauswirkungen

Negative Auswirkung	Beispiele für Ausmaß	Beispiele für Umfang	Beispiele für unwiederbringlichen Charakter
Biodiversitätsverlust (z. B. Entwaldung, Zerstörung von Korallenriffen, Artenverlust) und Schädigung von Schutzgebieten Klimawandel / THG-Emissionen Unsachgemäße Verwendung und Entsorgung von Gefahrstoffen Lärm und Vibrationen Physikalische Instabilität, Bodenerosion und Bodendegradation Kontamination (Luft, Wasser usw.) Beeinträchtigung der Ästhetik und des kulturellen Erbes Unzureichende Abfallwirtschaft Wasserverknappung	Ausmaß der Auswirkungen auf die menschliche Gesundheit Ausmaß der Veränderungen in der Artenzusammensetzung Intensität der Wassernutzung (% Nutzung der gesamten verfügbaren Ressourcen) Ausmaß von Abfall- und Chemikalienerzeugung (Tonnen; % der Erzeugung)	Geografische Reichweite der Auswirkungen Anzahl der betroffenen Arten	Inwieweit eine Sanierung des natürlichen Standortes möglich oder durchführbar ist Wie lange würde die Sanierung dauern?

Quelle: Adaptiert von OECD-Leitfaden für die Erfüllung der Sorgfaltspflicht für verantwortungsvolles unternehmerisches Handeln [OECD (2018[15]), OECD Due Diligence Guidance for Responsible Business Conduct], https://mneguidelines.oecd.org/OECD-Due-Diligence-Guidance-for-Responsible-Business-Conduct.pd.f

Zu den Faktoren, die das Ausmaß und die Wahrscheinlichkeit negativer Auswirkungen auf die Umwelt in vorgelagerten Mineral-Lieferketten beeinflussen können, gehören beispielsweise:

- die lokale Umwelt (z. B. Gebiete mit hoher Biodiversität, Nähe zu Schutzgebieten oder Weltkulturerbestätten)
- Vulnerabilität des Ökosystems und der umliegenden Gemeinden (z. B. Regionen mit Wasserknappheit)
- Materialeigenschaften (z. B. Gefahrenklassifizierung, Persistenz in der Umwelt)
- Häufigkeit von Extremereignissen (z. B. Dürre, Erdbeben)
- politische Einflussmöglichkeiten, Korruption, Instabilität oder Konflikte
- finanzielle Tragfähigkeit des Bergbaubetriebs (z. B. Höhe und Art der Kapitalausstattung)
- Größe und Umfang des Betriebs
- Level der Organisation/Formalisierung des Betriebs
- Eigentumsverhältnisse des Betriebs (z. B. börsennotiert, privat, staatlich)
- Angemessenheit der eingesetzten Technologie (Eignung für den jeweiligen Zweck)
- Lebenszyklusphase des Bergwerks (z. B. Exploration, Nachbetriebsphase)
- Grad der Mechanisierung.

Viele Umweltauswirkungen können sich auf Menschenrechte auswirken, insbesondere auf die menschliche Gesundheit und die Sicherheit. Dazu gehören beispielsweise der ungeschützte Kontakt mit Giftstoffen während des Abbaus, der Aufbereitung und des Recyclings sowie die Kontamination von Nahrungs- und Wasserquellen.

Während sich einige Umweltauswirkungen sofort bemerkbar machen, dauern andere lange – künftige Umweltauswirkungen bestimmter Tätigkeiten sind möglicherweise nicht sofort erkennbar und daher schwieriger zu bewerten und zu steuern, und es kann schwieriger sein, die Ursache zu ermitteln. Die Umweltauswirkungen können von kurzfristig (nehmen nach Beseitigung der Ursache ab) bis dauerhaft (dauern nach Beseitigung der Ursache an) reichen.

Tabelle 2. Beispiele für Umweltprobleme in vorgelagerten Mineral-Lieferketten

Umweltproblem	Beschreibung
Biodiversitätsverlust (z. B. Entwaldung, Zerstörung von Korallenriffen, Artenverlust) und Schädigung von Schutzgebieten	Verlust oder Beeinträchtigung der Biodiversität in einem bestimmten Gebiet, z. B. Entwaldung und Landnutzungsänderung im Zusammenhang mit einem Tagebau oder Schädigung von Meereslebensräumen / Ökosystemen im Zusammenhang mit dem Tiefseebergbau. Dies ist für alle Unternehmen, die in Wald-, Meeres- und anderen wichtigen Biodiversitäts- oder Schutzgebieten tätig sind, in allen Phasen der Lieferkette von großer Bedeutung.
Klimawandel (z. B. THG-Emissionen, mangelnde Anpassung an die physikalischen Risiken des Klimawandels)	Veränderungen der globalen Temperaturen und Wettermuster infolge anthropogener THG-Emissionen. THG-Emissionen in Mineral-Lieferketten können vor allem in den Schmelz- und Aufbereitungsstufen der Lieferkette auftreten. THG-Emissionen sollten für die Scopes 1, 2 und 3 entweder auf absoluter Basis oder auf Basis der Intensität gemessen werden.[15] Da die Welt bereits einen Klimawandel erlebt – einschließlich Veränderungen der Durchschnittstemperatur, häufigerer extremer Wetterereignisse und Veränderungen der Jahreszeiten – bezieht sich Adaptation auf Anpassungen in umweltbezogenen, sozialen oder Wirtschaftssystemen als Reaktion auf tatsächliche oder erwartete klimatische Veränderungen. Bleibt die Anpassung aus, erhöht sich die Wahrscheinlichkeit potenzieller Schäden für die Umwelt, die Menschen und die Gesellschaft durch den Klimawandel.
Unsachgemäße Verwendung und Entsorgung von Gefahrstoffen	Materialien, die, wenn sie in die Umwelt gelangen, eine Gefahr für Arbeiter, Gemeinden, Wasserquellen und Wildtiere darstellen können. Beispiele für Gefahrstoffe sind: • in Erzen enthaltene Elemente wie Radioisotope, Arsen, Quecksilber und andere Schwermetalle, die bei der Mineralaufbereitung freigesetzt werden • Prozesschemikalien, wie Säuren, organische Verbindungen, Zyanid und Quecksilber • Recyclingrückstände, bei denen es sich um nicht verwertbare Rückstände oder Abfälle handeln kann, die nicht verwertbare Wertstoffe enthalten (z. B. Restblei in Abfällen aus dem Recycling von Bleiakkus).
Lärm und Vibrationen	Lärm und Vibrationen können die lokale Biodiversität und die Menschen stören und schwerwiegende negative Auswirkungen haben. Zu den Lärmquellen gehören Bohr- und Sprengarbeiten, ortsfeste und mobile Geräte, Bagger, das Be- und Entladen und die Bewegung von Lastkraftwagen, Brecher, Mühlen, Ventilatoren, Dieselgeneratoren und große oder handgeführte Druckluft-, Schlag- und Schleifwerkzeuge. Vibrationen treten vor allem bei Sprengungen und der Durchfahrt von Schwerlastfahrzeugen auf.
Physikalische Instabilität, Bodenerosion und Dodendegradation	Verschiebungen und Dammbrüche bei Tailingsanlagen, Halden und Hängen können über einen längeren Zeitraum, auch über die Lebensdauer der Produktionsanlage hinaus, ein Risiko für die lokale Bevölkerung und die Natur darstellen. Verdichtung, Abtragung und Störung der physikalischen Struktur des Bodens.
Kontamination (Luft, Wasser usw.)	Verunreinigung der Umwelt durch chemische, physikalische oder biologische Stoffe, die die natürlichen Eigenschaften verändern. Geplante oder unfallbedingte Einleitung von Abwässern mit physikalischen, chemischen und/oder biologischen Schadstoffen in Gewässer, wodurch aquatische Ökosysteme und Landlebewesen, die dieses Wasser nutzen, geschädigt werden. Das Risiko der Wasserkontamination wird von standortspezifischen Faktoren wie Niederschlag, der Art des abgebauten Erzes, den verwendeten Chemikalien, der Empfindlichkeit der aufnehmenden Umwelt und der Qualität des Umweltmanagements beeinflusst. Wasserkontamination ist eine Umweltauswirkung, die sich mit dem Menschenrecht auf Zugang zu sicherem, erschwinglichem und zuverlässigem Trinkwasser überschneidet. Zu den Luftschadstoffen gehören Staub, Partikel, Rauch, Dämpfe und andere Nicht-THG-Emissionen, die bei Tätigkeiten wie Bohren, Sprengen, Aushub, Zerkleinern, Verladen und Transportieren von Material sowie Schmelzen, Raffinieren und Recycling entstehen. Sie sollten hinsichtlich ihres Volumens, ihrer Behandlung und der Emissionsorte berücksichtigt werden. Bestimmte Emissionen haben negative Auswirkungen auf die Land- und Bodenqualität sowie auf das Ökosystem und die menschliche Gesundheit in windabwärts gelegenen Gebieten, wenn Partikel und Gase durch Niederschläge ausgewaschen werden oder sich aufgrund der Schwerkraft absetzen.
Beeinträchtigung der Ästhetik und des kulturellen Erbes	Der Betrieb führt zu einer sichtbaren Beeinträchtigung und negativen ästhetischen Qualität natürlicher und vom Menschen geschaffener Landschaften oder zur Beschädigung von Kulturerbestätten, was die Fähigkeit der Menschen beeinträchtigt, ihre Umwelt zu genießen und von ihr zu profitieren. Dies ist typischerweise dort der Fall, wo Anlagen große Landflächen einnehmen oder wo Industriegebäude in Wohngebieten und ländlichen Landschaften sichtbar sind.
Unzureichende Abfallwirtschaft	Die Auswirkungen fester und flüssiger Abfälle auf die Umwelt und die menschliche Gesundheit hängen von ihren gefährlichen (oder nicht gefährlichen) Eigenschaften, ihrer Masse und ihrem Volumen sowie von der Qualität der Abfallwirtschaft (Sammlung und Behandlung) ab. Große Abfallmengen können bei allen Stufen der Lieferkette anfallen, sind aber dort am größten, wo das Verhältnis von Produkt zu Abfall gering ist (z. B. bei Abbau von Erzen mit niedrigem Metallgehalt), wo keine regenerativen Verfahren angewandt werden, in vorgelagerten Betrieben im Allgemeinen und in Recyclingbetrieben, die nicht mit nicht-verwertbaren Materialien und gefährlichen Fraktionen und Rückständen

Umweltproblem	Beschreibung
	umgehen. Unzureichende Abfallwirtschaft kann zur Verbreitung von Kontaminationen führen und sich negativ auf die Wasser-, Boden- und Luftqualität auswirken.
Wasserverknappung	Es wird mehr Wasser verbraucht, als durch die natürliche Wiederauffüllung zur Verfügung steht oder wenn Wasser von Ökosystemen und Nutzern abgezweigt wird. Die Risiken sind in dauerhaft oder saisonal trockenen Gebieten oft höher.

Anmerkung: Weitere Wiederholungen dieser Tabelle siehe in Kapitel 4: Sechsstufiger Due-Diligence-Ansatz enthält und bietet Anhaltspunkte für Indikatoren und Informationsquellen für Umweltrisiken und die Überwachung von Minderungsmaßnahmen.

3 Sorgfaltspflichten als Instrument

In diesem Kapitel werden die Sorgfaltspflichten als Instrument vorgestellt und erläutert, warum ein risikobasierter Sorgfaltspflichtansatz für die Bewältigung von Umweltrisiken und negativen Auswirkungen der unternehmenseigenen Tätigkeiten und in globalen Lieferketten von entscheidender Bedeutung ist.

Risikobasierte Due Diligence zur Bewältigung von Umweltrisiken und negativen Auswirkungen

Bei der risikobasierten Due Diligence wird von den Unternehmen erwartet, dass sie tatsächliche und potenzielle Auswirkungen auf Mensch, die Gesellschaft und den Planeten erkennen, vermeiden, mindern und darüber Rechenschaft ablegen. Da es den Unternehmen oft nicht möglich sein wird, alle Risiken und Auswirkungen ihrer Tätigkeiten und Geschäftsbeziehungen gleichzeitig und mit demselben Maß an Aufmerksamkeit zu ermitteln und darauf zu reagieren, ermutigen die MNU-Leitsätze sie, **ihre wichtigsten (d. h. schwerwiegendsten[16] und wahrscheinlichsten) Risiken und Auswirkungen zu priorisieren** und ihre Aufmerksamkeit und Ressourcen entsprechend einzusetzen. Auf diese Weise zielt die risikobasierte Due Diligence darauf ab, Fortschritte bei den wichtigsten Auswirkungen auf Mensch, Planet und Gesellschaft zu erzielen.

Kontextfaktoren wie die Verfügbarkeit von Ressourcen, Daten und Technologien, die Unternehmensgröße, der Grad der Einflussmöglichkeiten eines Unternehmens auf einen bestimmten Lieferanten, der Ort, an dem Risiken oder Auswirkungen in der Lieferkette auftreten, können beeinflussen, welche Maßnahmen in einem bestimmten Kontext angemessen sind. Die Größe oder Ressourcenkapazität eines Unternehmens und der Grad der Einflussmöglichkeiten auf einen bestimmten Lieferanten ändern nichts an seiner Verantwortung, eine dem Risiko entsprechende risikobasierte Due Diligence durchzuführen, können aber die Art und Weise beeinflussen, wie ein Unternehmen seine Due Diligence durchführt.

Negative Umweltauswirkungen sind oft eng mit anderen von den MNU-Leitsätzen berücksichtigten Aspekten verknüpft, z. B. mit den Menschenrechten, den Auswirkungen auf Arbeiter und Gemeinschaften, dem Zugang zu Existenzgrundlagen und Grundbesitzrechten. In dieser Hinsicht ist es für Unternehmen wichtig, **soziale Auswirkungen** im Rahmen ihres Umweltmanagements und ihrer Due-Diligence-Prozesse zu bewerten und zu behandeln, auch als Teil ihrer Risikopriorisierungsprozesse.

Eine risikobasierte Due Diligence trägt nicht nur dazu bei, dass die wichtigsten negativen Auswirkungen zuerst angegangen werden, sondern auch dazu, dass die Sorgfaltspflichten **für Unternehmen praktisch umsetzbar** sind. Angesichts der weit verbreiteten und verstreuten Umweltauswirkungen in mineralischen Rohstofflieferketten werden Unternehmen nicht in der Lage sein, jede negative Auswirkung zu ermitteln und darauf zu reagieren, jeden Geschäftspartner zu überwachen und zu verfolgen oder jedes Produkt gleichzeitig zurückzuverfolgen. Daher erwartet ein risikobasierter Ansatz keine perfekten Ergebnisse oder risikofreie Wertschöpfungsketten und bestraft Unternehmen nicht für das Vorhandensein von Risiken oder negativen Auswirkungen in ihren Lieferketten. Stattdessen wird von den Unternehmen erwartet, dass sie angemessene Prioritäten setzen, ihre risikoreichsten Tätigkeiten und Geschäftsbeziehungen ins Visier nehmen und im Laufe der Zeit anhand spezifischer, zeitlich festgelegter Ziele und Indikatoren sinnvolle und messbare Fortschritte nachweisen.

Trotz der Flexibilität, die der risikobasierte Ansatz bietet, wird von den Unternehmen nicht erwartet, dass sie willkürlich entscheiden, was in einem bestimmten Kontext wichtig ist und was nicht. Stattdessen legen die OECD-RBC-Standards wichtige Parameter dafür fest, wie Unternehmen Prioritäten setzen sollten. **Der Nachweis glaubwürdiger Priorisierungsprozesse und von Fortschritten im Hinblick auf ergebnisorientierte und zeitgebundene Ziele** trägt dazu bei, dass Unternehmen Entscheidungen über die Zuweisung von Ressourcen und Zeit in einer effizienten und effektiven Weise treffen, die mit internationalen Standards übereinstimmt.

Die Sorgfaltspflichten sollten auch der Art, Schwere und Wahrscheinlichkeit der negativen Auswirkungen angepasst werden. Wenn die Wahrscheinlichkeit und Schwere eines Risikos oder einer Auswirkung hoch sind, sollte die Due Diligence umfangreicher sein. Dazu gehört auch, dass **die Ansätze auf die spezifischen Risiken und Auswirkungen zugeschnitten werden**.

Die Erwartung, dass Unternehmen Risiken und Auswirkungen nach Schwere und Wahrscheinlichkeit priorisieren, **gilt für den gesamten sechsstufigen Due-Diligence-Prozess** – angefangen bei der Erfassung von Risikoproblemen auf höchster Ebene, die dann in die tiefer gehenden Bewertungen von Geschäftsbeziehungen mit höherem Risiko einfließt, bis zu der Art und Weise, wie ein Unternehmen auf tatsächliche oder potenzielle negative Auswirkungen reagiert. Sie legt auch fest, wie die Unternehmen ihre Sorgfaltspflichten verfolgen und darüber berichten sollen.[17]

Zielpublikum und Verantwortung für die Sorgfaltspflichten

Die Due Diligence ist ein Prozess entlang der gesamten Lieferkette und gilt für alle Geschäftsbeziehungen, einschließlich der Beziehungen, die über vertragliche, „erstrangige" oder unmittelbare Beziehungen hinausgehen (OECD, 2023[16]). Dementsprechend haben alle Unternehmen entlang der Mineral-Lieferkette, von der Gewinnung bis zum Endverbraucher, eine Rolle zu spielen. Die Art der Due Diligence kann jedoch durch die Position eines Unternehmens in der Lieferkette beeinflusst werden. In Lieferketten mit wichtigen Umwandlungspunkten wie Metallhütten und Raffinerien im Mineraliensektor erkennen die OECD-Standards für RBC die einzigartige Rolle an, die solche Einrichtungen als "Kontrollstellen" spielen. Nachgelagerte Unternehmen können beispielsweise den Einfluss und die Sichtbarkeit der Kontrollstellen gegenüber anderen Lieferanten nutzen, indem sie überprüfen, ob die Kontrollstellen selbst eine Due Diligence durchführen, um Risiken auf weiter entfernten Ebenen ihrer vorgelagerten Lieferkette zu erkennen, zu vermeiden und zu mindern.

Das Konzept der Kontrollstellen hilft bei vielen mineralischen Rohstofflieferketten bei der Abgrenzung der Verantwortlichkeiten zwischen vorgelagerten Unternehmen (Bergbauunternehmen, lokale Händler und Exporteure, Internationale Konzentrathändler, Metallhütten, Raffinerien und Recycler) und nachgelagerten Unternehmen (Metallhändler und -börsen, Komponentenhersteller, Produkthersteller, Erstausrüster und Einzelhändler). Die Lage der Kontrollstellen zwischen den nachgelagerten Unternehmen und den weiter vorgelagerten Lieferanten kann auch die Beziehungen der Unternehmen zu den negativen Auswirkungen beeinflussen und damit auch die Frage, wo die Hauptverantwortung für die Behebung der Auswirkungen liegt (siehe Abbildung 1).

Da dieses Handbuch die negativen Umweltauswirkungen im Mineraliensektor von der Gewinnung bis zu den Schlüsselstellen der Umwandlung behandelt, können nachgelagerte Unternehmen das Handbuch nutzen, um *sowohl* (a) die Sorgfaltspflichten der Kontrollstellen in Bezug auf Umweltrisiken und -auswirkungen in vorgelagerten Bereichen zu bewerten *und* (b) die Auswirkungen an der Kontrollstelle zu ermitteln und zu bewerten. Kontrollstellen wie Metallhütten und Raffinerien und andere vorgelagerte Unternehmen sollten ihrerseits Einfluss auf ihre Lieferanten ausüben, um Umweltrisiken und -auswirkungen anzugehen, zusätzlich zu den Auswirkungen, die sie selbst verursachen oder zu denen sie beitragen.

Dieses Handbuch richtet sich daher an alle Unternehmen in mineralischen Rohstofflieferketten, die möglicherweise tatsächliche oder potenzielle negative Umweltauswirkungen verursachen, zu ihnen beitragen oder direkt mit ihnen verbunden sind. Am nützlichsten dürfte es jedoch für Unternehmen sein, die feststellen, dass sie entweder zu Umweltrisiken oder -auswirkungen in der Lieferkette beitragen oder direkt mit ihnen verbunden sind. Abbildung 1 veranschaulicht, wie Unternehmen entlang von mineralischen Rohstofflieferketten diese Konzepte bei der Bestimmung der Art ihrer Sorgfaltspflichten berücksichtigen sollten. Unternehmen, die dieses Handbuch verwenden, werden ermutigt, dies zu berücksichtigen und ihre Sorgfaltspflichten an ihre Position in der Lieferkette anzupassen. Darüber hinaus enthält der Abschnitt über die Einbeziehung von Umweltaspekten in die einzelnen Schritte der Sorgfaltspflichten mehrere Beispiele dafür, wie die Position eines Unternehmens in der Mineral-Lieferkette und seine Beziehung zu einer nachteiligen Auswirkung seine Sorgfaltspflichten beeinflussen kann.

Die OECD-Leitsätze für multinationale Unternehmen zu verantwortungsvollem unternehmerischem Handeln ("OECD MNU-Leitsätze") legen die Erwartungen dar, wie Unternehmen negative Umweltauswirkungen im Zusammenhang mit ihren Tätigkeiten, Produkten und Dienstleistungen vermeiden und beseitigen sollten. Die Beziehung eines Unternehmens zu den Auswirkungen (sie verursachend, zu ihnen beitragend oder direkt mit ihnen verbunden) bestimmt, wie ein Unternehmen auf festgestellte Risiken reagieren sollte. **Obwohl viele der Risiken und Risikominderungsmaßnahmen in diesem Handbuch für alle Unternehmen relevant sind, die versuchen, die von ihnen verursachten negativen Auswirkungen zu beheben, konzentriert sich dieses Dokument in erster Linie auf die Sorgfaltspflichten bei Umweltrisiken in mineralischen Rohstofflieferketten, wobei der Schwerpunkt dementsprechend auf Beziehungen liegt, die zu negativen Umweltauswirkungen beitragen oder direkt mit ihnen verbunden sind.** Abbildung 1 veranschaulicht, wie sich diese Beziehungen in einer typischen Mineral-Lieferkette darstellen können. Das Diagramm spiegelt auch die einzigartige Rolle von Metallhütten und Raffinerien als Kontrollstellen in mineralischen Rohstofflieferketten wider, mit praktischen Auswirkungen auf die jeweilige Rolle von nachgelagerten und vorgelagerten Unternehmen auf der Grundlage der OECD-Leitfaden für die Erfüllung der Sorgfaltspflicht zur Förderung verantwortungsvoller Lieferketten für Minerale aus Konflikt- und Hochrisikogebieten.

Abbildung 1. Umgang mit den Umweltauswirkungen in mineralischen Rohstofflieferketten

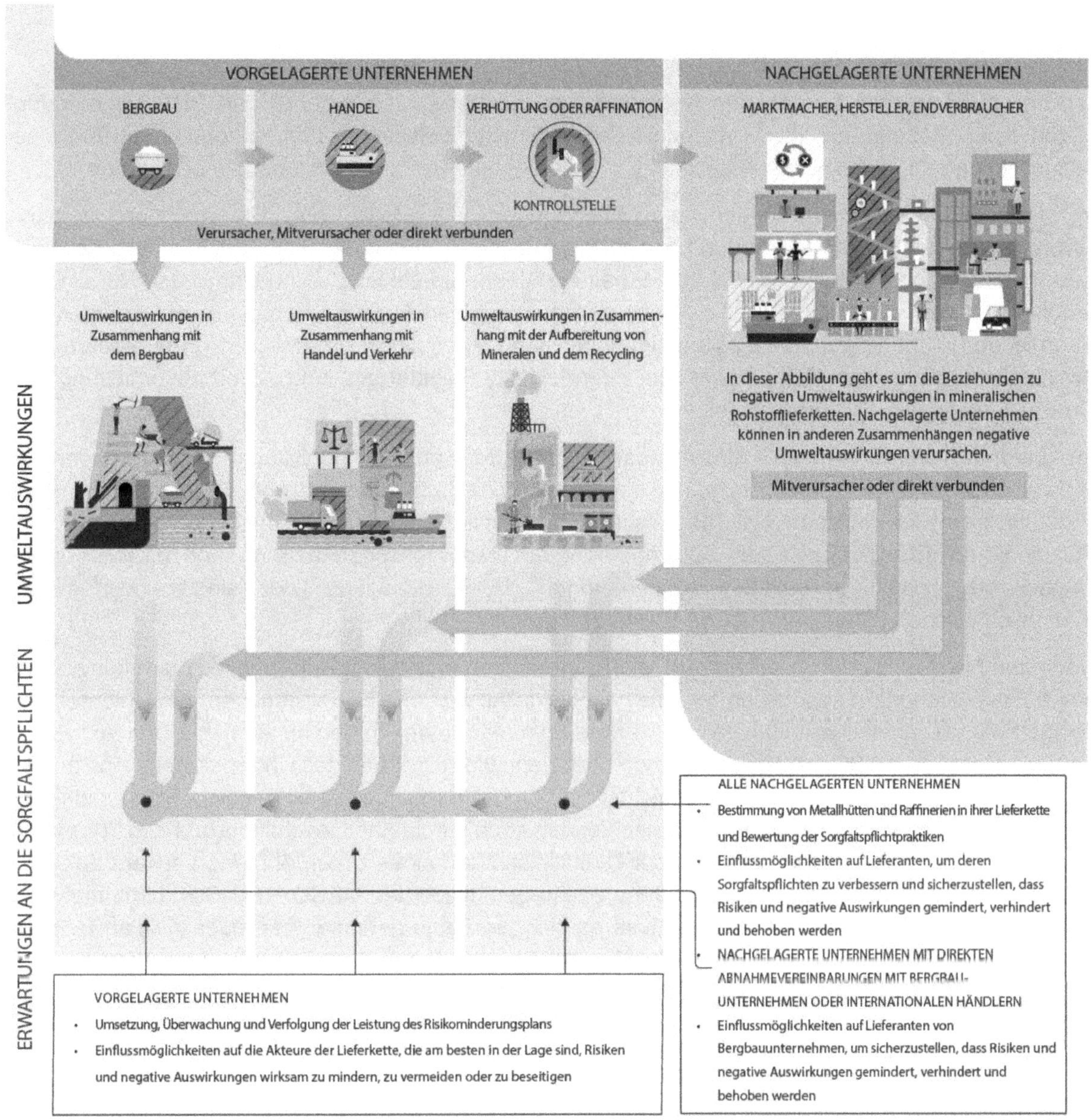

Dieses Handbuch kann auch für andere Parteien nützlich sein, z. B. für branchenweite und Multi-Stakeholder-Initiativen, die die Zusammenarbeit bei Sorgfaltspflichten erleichtern, sowie für Arbeiter, Gewerkschaften und Arbeitnehmervertreter sowie Organisationen der Zivilgesellschaft, einschließlich Menschenrechtsverteidiger im Umweltbereich.

Kasten 3. Verursachend, beitragend und direkt verbunden im Zusammenhang mit Umweltauswirkungen

Die im RBC-Leitfaden festgelegten Konzepte "verursachend", "beitragend" und "direkt verbunden" bieten einen Rahmen für das Verständnis der Beziehung zwischen einem Unternehmen und einer tatsächlichen oder potenziellen Auswirkung, um die angemessenen Reaktionen zu bestimmen.

In den MNU-Leitsätzen werden die Erwartungen dargelegt, wie Unternehmen negative Umweltauswirkungen vermeiden und beseitigen und zur Erreichung der Ziele des Klimaschutzes und der Anpassung an den Klimawandel, der Erhaltung, Wiederherstellung und nachhaltigen Nutzung der Biodiversität, der nachhaltigen, effizienten und rechtmäßigen Nutzung von Land, Ressourcen und Energie, des nachhaltigen Konsums und der nachhaltigen Produktion, einschließlich der Förderung von Kreislaufwirtschaftskonzepten, sowie der Vermeidung, Minderung und Wiedergutmachung der Umweltverschmutzung beitragen sollen.

Im Leitfaden werden negative Umweltauswirkungen definiert als "signifikante Veränderungen der Umwelt oder der Biota, die nachteilige Auswirkungen auf die Zusammensetzung, Widerstandsfähigkeit, Produktivität oder Belastbarkeit natürlicher und bewirtschafteter Ökosysteme oder auf das Funktionieren sozioökonomischer Systeme oder auf den Menschen haben", und es wird darauf hingewiesen, dass Umweltauswirkungen unter Berücksichtigung der besten verfügbaren wissenschaftlichen Erkenntnisse bewertet werden sollten.

Nach den MNU-Leitsätzen **"verursacht"** ein Unternehmen eine nachteilige Umweltauswirkung, wenn seine Tätigkeiten allein ausreichen, um die nachteilige Auswirkung zu verursachen. Ein Unternehmen **"trägt bei"** zu einer Umweltbelastung, wenn seine Aktivitäten in Kombination mit den Aktivitäten anderer Einheiten die Belastung verursachen oder wenn die Aktivitäten des Unternehmens eine andere Einheit dazu veranlassen, es ihr erleichtern oder sie ermutigt, eine negative Auswirkung zu verursachen. Negative Umweltauswirkungen können auch durch eine Geschäftsbeziehung **"direkt** mit der Geschäftstätigkeit, den Produkten oder Dienstleistungen eines Unternehmens **verbunden"** sein, selbst wenn sie nicht zu diesen Auswirkungen beitragen. Nach den OECD-RBC-Standards muss der Beitrag wesentlich sein, was bedeutet, dass es sich um keine geringfügigen oder trivialen Beiträge handelt. Der RBC-Leitfaden enthält zusätzliche Hinweise zu diesen Begriffen.

Umweltauswirkungen können kollektiv und miteinander verknüpft oder isoliert sein; auch können sie lokal begrenzt oder grenzüberschreitend sein. Während einige Umweltauswirkungen gut erforscht sind, können Ausmaß, Art und Ursache anderer weniger gut erforscht, im Entstehen begriffen oder sogar unbekannt sein. Während es also in einigen Fällen möglich ist, auf der Grundlage der verfügbaren wissenschaftlichen Erkenntnisse und Informationen zu beurteilen, inwieweit ein Unternehmen zu einer negativen Umweltauswirkung beiträgt, kann eine solche Beurteilung in anderen Fällen schwierig sein. Im letztgenannten Fall sollte für die Zwecke der MNU-Leitsätze bei der Bewertung des Beitrags eines Unternehmens zu negativen Auswirkungen berücksichtigt werden, inwieweit seine Tätigkeiten mit allgemein anerkannten Standards, Umweltmanagementverfahren und Schutzmaßnahmen im Hinblick auf eine gute Umweltschutzpraxis, mit Maßstäben und Standards, die in den geltenden Umweltvorschriften und -regelungen festgelegt sind, sowie mit einschlägigen internationalen Übereinkommen übereinstimmen.

Quelle: Die MNU-Leitsätze für multinationale Unternehmen zu verantwortungsvollem unternehmerischem Handeln [OECD (2023[16]), *OECD Guidelines for Multinational Enterprises on Responsible Business Conduct]*, https://doi.org/10.1787/81f92357-en.

Dieses Handbuch zeigt auf, wie bestehende OECD-Instrumente, nämlich der OECD-Leitfaden für die Erfüllung der Sorgfaltspflicht für verantwortungsvolles unternehmerisches Handeln (OECD Due Diligence Guidance for Responsible Business Conduct – RBC Guidance), der OECD-Leitfaden für die Erfüllung der Sorgfaltspflicht zur Förderung verantwortungsvoller Lieferketten für Minerale aus Konflikt- und Hochrisikogebieten (OECD Due Diligence Guidance for Responsible Supply Chains of Minerals from Conflict-Affected and High-Risk Areas, Minerals Guidance), genutzt werden können, um Umweltrisiken und -auswirkungen im Mineraliensektor anzugehen. Es tut dies, indem es bestehende Empfehlungen in einen relevanten Kontext stellt, Beispiele für ihre Anwendung liefert und die Nutzer auf verwandte Ressourcen verweist. Es enthält keine neuen Empfehlungen oder Erwartungen an das Risikomanagement.

Abbildung 2. Gemeinsame Nutzung der OECD-Instrumente für RBC

Die MNU-Leitsätze (MNE Guidelines) sind die einzigen umfassenden, von Regierungen unterstützten Erwartungen an den Umgang von Unternehmen mit negativen Auswirkungen auf Mensch und Umwelt. Die OECD hat spezifische Sorgfaltspflicht-Leitfäden für verschiedene Wirtschaftszweige (z. B. für die Lieferketten in den Bereichen Minerale, Bekleidung und Landwirtschaft) und für spezifische Themen wie die Einbeziehung von Stakeholdern im Rohstoffsektor entwickelt. Im Jahr 2018 hat die OECD einen sektorunabhängigen Leitfaden für RBC entwickelt, der sich auf sektorspezifische Leitfäden stützt und auf diesen aufbaut, aber für Unternehmen in allen Wirtschaftssektoren gilt. Abbildung 2 veranschaulicht, wie die verschiedenen OECD-Instrumente für RBC zusammen eingesetzt werden können.

4 Sechsstufiger Due-Diligence-Ansatz

Dieses Kapitel führt den Leser durch die sechs Schritte des risikobasierten Due-Diligence-Rahmens und beantwortet spezifische Fragen dazu, wie Unternehmen Umweltaspekte bei jedem der Schritte berücksichtigen können.

Integration des Umweltrisikomanagements in Due-Diligence-Systeme

Dieses Handbuch richtet sich an alle Unternehmen in der mineralischen Rohstofflieferkette. Da die Unternehmen jedoch je nach ihrer Beziehung zu den festgestellten Risiken und Auswirkungen unterschiedliche Verantwortlichkeiten haben, werden sie die in diesem Kapitel bereitgestellten Informationen auf unterschiedliche Weise nutzen – je nach ihrer Position in der Lieferkette und ihrer Größe, je nach dem, wo ihre wichtigsten Umweltrisiken liegen, nach der Art, Schwere und Wahrscheinlichkeit der Auswirkungen, denen sie in der Praxis ausgesetzt sind, und der Art ihrer Geschäftsbeziehungen.

Abbildung 3. Due-Diligence-Prozesse und unterstützende Maßnahmen („Effekte“ hier = „Auswirkungen“)

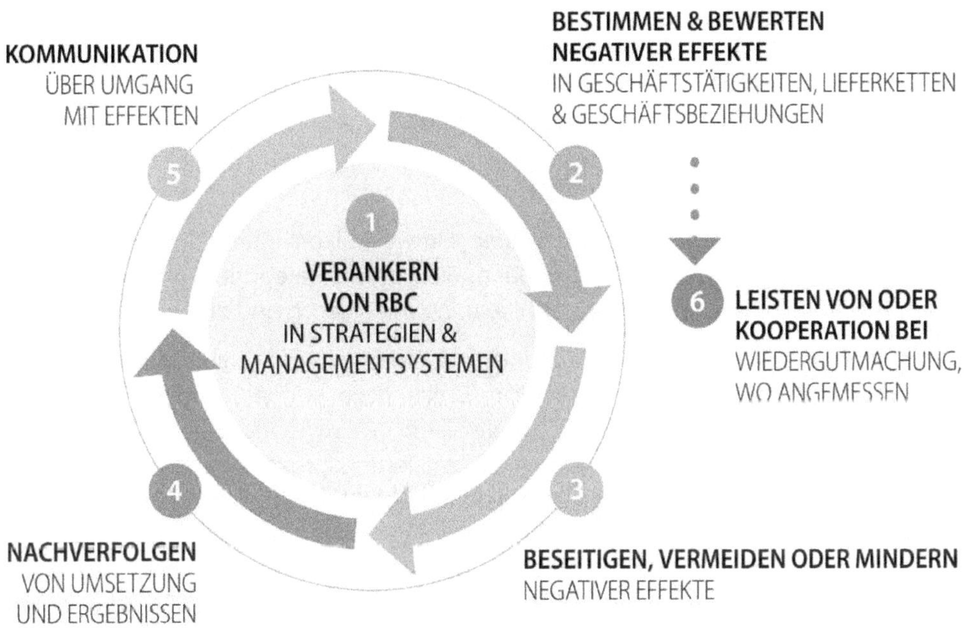

Quelle: OECD-Leitfaden für die Erfüllung der Sorgfaltspflicht für verantwortungsvolles unternehmerisches Handeln [OECD (2018[15]), OECD Due Diligence Guidance for Responsible Business Conduct], https://mneguidelines.oecd.org/OECD-Due-Diligence-Guidance-for-Responsible-Business-Conduct.pdf.

Schritt 1: Verankern von verantwortungsvollem unternehmerischem Handeln in Strategien und Managementsystemen

Was sagt der RBC-Leitfaden und der Minerale-Leitfaden?

- **Ausarbeiten, Einführen und Verbreiten einer Strategie – oder einer Kombination von Strategien – zu RBC-Fragen**, die die Verpflichtung des Unternehmens auf die in den MNU-Leitsätzen enthaltenen Grundsätze und Standards sowie seine Pläne zur Umsetzung der Due Diligence für die eigenen Geschäftstätigkeiten, seine Lieferkette und andere Geschäftsbeziehungen zum Ausdruck bringen.
- **Verankerung der Unternehmensstrategie zu RBC-Belangen in Aufsichtsorganen und Managementsystemen des Unternehmens**, so dass sie als Teil der regulären Geschäftsprozesse umgesetzt werden, und **Einbeziehung von RBC-Erwartungen und -Strategien in den Dialog mit Lieferanten** und anderen Geschäftsbeziehungen.

- Einrichtung eines **Kontroll- und Transparenzsystems** entlang der mineralischen Rohstofflieferkette. Dazu gehören ein System zur Kontrolle der Produktkette, ein Nachverfolgbarkeitssystem oder die Ermittlung der vorgelagerten Akteure in der Lieferkette.

Schlüsselfragen zur Einbeziehung von Umweltrisikoüberlegungen bei Schritt 1:

- 1.1 Wie kann ein Unternehmen Umweltrisikoüberlegungen in die RBC-Strategie und die Managementsysteme integrieren?
- 1.2 Wie kann ein Unternehmen sicherstellen, dass seine RBC-Strategie zweckmäßig ist und schrittweise auf die schwerwiegendsten und wahrscheinlichsten Risiken des Unternehmens zugeschnitten wird (ermittelt bei Schritt 2)?
- 1.3 Welche Beziehung besteht zwischen existierenden Umweltmanagementsystemen (UMS) und der Umwelt-Due-Diligence nach OECD-RBC-Standards?

1.1 Wie kann ein Unternehmen Umweltrisikoüberlegungen in die RBC-Strategie und die Managementsysteme integrieren?

Der erste Schritt bei der Integration der wichtigsten Umweltrisiken eines Unternehmens in die RBC-Strategie und die Managementsysteme besteht darin, die großen Kategorien von Umweltrisiken, die das System der Due Diligence behandeln soll, zu ermitteln, zu priorisieren und zu begründen.

Unternehmen sollten ihre bestehenden Strategien überprüfen und aktualisieren, um sie mit den Grundsätzen und Standards der MNU-Leitsätze in Einklang zu bringen, und können die Entwicklung spezifischer Strategien für ihre wichtigsten Umweltrisiken in Erwägung ziehen – aufbauend auf den Erkenntnissen aus ihren Scoping-, Bewertungs- und Priorisierungsprozessen gemäß Tabelle 2 Sie sollten auch ihre Verpflichtungen im Rahmen der Due Diligence aktualisieren, wenn Risiken in der Lieferkette auftauchen und sich entwickeln. Tabelle 2 enthält eine nicht erschöpfende Liste einiger Umweltaspekte in vorgelagerten mineralischen Rohstofflieferketten, die Unternehmen in ihre Strategie und ihre Managementsysteme integrieren können (und gegebenenfalls bei der Überprüfung der Due-Diligence-Praktiken eines Lieferanten bei Schritt 2 berücksichtigen können).

Als Teil der Einführung einer RBC-Due-Diligence-Strategie und von -Managementsystemen sollten Unternehmen auch verhältnismäßige, risikobasierte Schritte unternehmen, um

- **die eigenen Kapazitäten, Fachkenntnisse und Ressourcen des Unternehmens zu verstehen**, um Informationen zu sammeln und Due Diligence für priorisierte Umweltrisiken wirksam mit dem Ziel zu verankern, die Systeme und Prozesse im Laufe der Zeit schrittweise zu verbessern. Welche internen und externen Stakeholder, einschließlich Fachexperten, müssen konsultiert und einbezogen werden? Ist das Unternehmen in dem Land, in dem sein Lieferant tätig ist, so präsent, dass es eine regelmäßige und zuverlässige Überwachung der Umweltrisiken durchführen kann, und/oder verfügt es über wirksame Systeme für eine sinnvolle Einbeziehung von Lieferanten und Stakeholdern?
- **RBC-Ziele in Übereinstimmung mit den nationalen Gesetzen festzulegen** und die Bedeutung der Anwendung der Kernprinzipien der Minderungshierarchie anzuerkennen, die bei der Durchführung des Risikomanagements der Minderung oder Vermeidung von Umweltauswirkungen Vorrang vor Wiederherstellungs-, Kompensations- oder Ausgleichsmaßnahmen einräumt.[18] Die Unternehmen können auch versuchen, auf Gleichstellungsfragen im Zusammenhang mit dem Umweltschutz einzugehen.[19]
- **zu versuchen, die Hindernisse zu verstehen und anzugehen, die sich aus der Art und Weise ergeben, wie das Unternehmen seine Geschäfte betreibt, und die die Fähigkeit der**

Lieferanten, die Erwartungen der RBC-Strategie zu erfüllen, behindern und/oder zu negativen Auswirkungen in der Lieferkette beitragen können (z. B. die Einkaufspraktiken des Unternehmens, Geschäfts- und Beschaffungsmodelle und kommerzielle Anreize). Unternehmen können die Herausforderung doppelter und widersprüchlicher Anforderungen an Lieferanten auch durch die Zusammenarbeit mit anderen Branchenakteuren meistern.

- **die Erwartungen an die Lieferanten** in Bezug auf die wichtigsten Umweltrisiken des Unternehmens **zu verankern**. Zusätzlich zur Formulierung der Erwartungen in der RBC-Strategie können Unternehmen überlegen, die Erwartungen an die Due Diligence in Präqualifizierungsprozesse, Ausschreibungskriterien oder Screening-Kriterien für neue Lieferanten einzubeziehen.
- **spezifische rote Linien in der Strategie festzulegen**. Unternehmen können sich auch dafür entscheiden, Einzelheiten zu potenziellen „roten Linien" in ihre RBC-Strategie oder in die Erwartungen aufzunehmen, die sie an neue Lieferanten in Bezug auf Umweltrisiken stellen. Zu den "roten Linien" können Situationen gehören, die – als letzten Ausweg – den Abbruch von Geschäftsbeziehungen auslösen könnten (z. B. wenn Umweltrisiken oder -auswirkungen als unbehebbar angesehen werden, wenn keine vernünftige Aussicht auf Veränderung besteht oder wenn schwerwiegende Auswirkungen oder Risiken nicht sofort verhindert oder gemindert werden).

1.2 Wie kann ein Unternehmen sicherstellen, dass seine RBC-Strategie zweckmäßig ist und schrittweise auf die schwerwiegendsten und wahrscheinlichsten Risiken des Unternehmens zugeschnitten wird?

Umweltstrategien und Managementsysteme konzentrieren sich oft auf technische Aspekte, ohne die Ansichten relevanter Stakeholder und Experten zu berücksichtigen.[20] Interne und externe Stakeholder und Experten können jedoch eine wichtige Rolle spielen, wenn es darum geht, sicherzustellen, dass die Verpflichtungen im Rahmen der RBC Due Diligence gemäß den OECD-Standards zweckmäßig sind. Die sinnvolle Einbeziehung der Stakeholder ist eine Schlüsselkomponente des Rahmens für die Due Diligence, wenngleich die Frage, welche Stakeholder zu einem bestimmten Zeitpunkt und in einem bestimmten Kontext relevant sind, vom Unternehmen und seinen Aktivitäten abhängt.[21]

Kasten 4. Konstruktiver Dialog mit Stakeholdern

Konstruktiver Dialog mit Stakeholdern ist eine Schlüsselkomponente des Due-Diligence- Prozesses. In manchen Fällen ist die Stakeholderbeteiligung u. U. selbst rechtlich vorgeschrieben. Der Dialog mit Stakeholdern beinhaltet interaktive Prozesse der Zusammenarbeit mit wichtigen Akteuren, die beispielsweise in Form von Gesprächsterminen, Anhörungen oder Konsultationsverfahren erfolgen können. Personen oder Gruppen bzw. ihre rechtmäßigen Vertreter*innen zählen in diesem Zusammenhang dann zu den relevanten Akteuren, wenn sie Rechte oder Interessen im Zusammenhang mit in diesen *Leitsätzen* behandelten Themen haben und diese Rechte oder Interessen von den mit den Geschäftstätigkeiten, Produkten und Dienstleistungen des Unternehmens verbundenen negativen Auswirkungen betroffen sind oder sein könnten. Unternehmen können die Stakeholder, die am schwersten betroffen sind bzw. sein könnten, für den Dialog priorisieren. Die Stärke der negativen Auswirkungen auf Stakeholder kann die Intensität des Dialogs bestimmen. Konstruktiver Dialog mit Stakeholdern bezeichnet einen anhaltenden und auf Gegenseitigkeit beruhenden Dialog mit den betroffenen Akteuren, der von allen Beteiligten nach dem Grundsatz von Treu und Glauben geführt wird und den Standpunkten der Akteure Rechnung trägt. Um eine konstruktive und effektive Stakeholderbeteiligung zu gewährleisten, ist es wichtig sicherzustellen, dass sie zeitgerecht erfolgt und für die Beteiligten zugänglich, angemessen und sicher ist. Potenzielle Barrieren für die Einbindung vulnerabler oder sozial ausgegrenzter Beteiligter sollten erkannt und beseitigt werden. Der *OECD-Leitfaden für die Erfüllung der Sorgfaltspflicht für verantwortungsvolles unternehmerisches Handeln* und die einschlägigen sektorspezifischen Sorgfaltsgrundsätze der OECD umfassen praktische Hilfen für die Unternehmen zur Durchführung der Stakeholderbeteiligung, u. a. im Rahmen ihrer Due-Diligence-Prozesse. Diese Beteiligung ist bei der Planung und Entscheidungsfindung im Rahmen von Projekten oder anderen Aktivitäten, bei denen es beispielsweise um die intensive Nutzung von Land oder Wasser geht und die für die örtliche Bevölkerung erhebliche Folgen haben könnten, besonders wichtig.

Quelle: Aus den Erläuterungen zu Kapitel II: Allgemeine Grundsätze der OECD-Leitsätze für multinationale Unternehmen zu verantwortungsvollem unternehmerischem Handeln [General Policies of the OECD Guidelines for Multinational Enterprises on Responsible Business Conduct (OECD, 2023[16])], https://doi.org/10.1787/81f92357-en.

Die Einbeziehung von Stakeholdern in mineralischen Rohstofflieferketten wird eine besonders wichtige Rolle bei der Anpassung der Due Diligence daran spielen, wie Umweltauswirkungen in mineralischen Rohstofflieferketten Menschen betreffen können. Die Aktivitäten der mineralgewinnenden Industrie können die Bodenqualität verschlechtern und zur Luft- und Wasserverschmutzung beitragen, was die Ressourcen bedroht, von denen die Menschen für ihren Lebensunterhalt abhängen. Neben der direkten Einbindung von Stakeholdern im Zusammenhang mit der Geschäftstätigkeit eines Unternehmens könnten auch weiter nachgelagerte Unternehmen im Rahmen ihrer eigenen Due Diligence die Praktiken ihrer Lieferanten überprüfen, ob eine Einbindung von Stakeholdern stattfindet. Bei der Einbeziehung von Stakeholdern im Rahmen der Due Diligence von Umweltrisiken in mineralischen Rohstofflieferketten sollten sich Unternehmen des Zusammenhangs bewusst sein, der häufig zwischen Umweltauswirkungen und anderen, im OECD-Leitfaden für Minerale angesprochenen RBC-Auswirkungen besteht, wie z. B. schwere Menschenrechtsverletzungen und Korruption, wobei die Unterdrückung von Menschenrechtsverteidigern im Umweltbereich und verschiedene Formen der Korruption manchmal dazu genutzt werden, Beschwerden von Gemeinschaften zu unterdrücken oder die Rechenschaftspflicht für Umweltauswirkungen zu vermeiden.

Bei der Festlegung einer Strategie für die Beschaffung von Kleinlieferanten wie ASM oder angeschlossenen Kleinverarbeitern, Händlern und Metallhütten/Raffinerien sollte berücksichtigt werden, dass sie bei der rechtzeitigen und angemessenen Umsetzung von Plänen für Korrekturmaßnahmen an ihre Grenzen stoßen könnten. Folglich müssen für kleine Lieferanten nach wie vor Richtlinien festgelegt werden, aber es sollte mehr Flexibilität zugelassen werden, wobei die Strenge mit zunehmender Kapazität des Lieferanten zunehmen sollte. So ist beispielsweise das Management von Tailings für ASM wichtig, aber die Einhaltung des Global Industry Standard on Tailings Management (Globaler Industriestandard für Tailingsmanagement, GISTM) ist aufgrund der begrenzten Kapazitäten der ASM-Lieferanten und der geringeren Risiken, die mit kleineren Mengen von Tailings verbunden sind, möglicherweise nicht angemessen.[22]

Eine angemessene Ressourcenzuweisung ist von entscheidender Bedeutung, um zu verstehen, inwieweit eine Unternehmensstrategie zweckmäßig ist. Nach der Konsultation und der endgültigen Festlegung der Strategie könnte ein Budget- und Ressourcensystem zur Unterstützung der Umsetzung entwickelt werden, das Folgendes beinhalten könnte:

- wie die Managementsysteme für Umwelt und/oder verantwortungsvolle Beschaffung verbessert werden, um die Erfüllung der Verpflichtungen der Strategie zu unterstützen,
- wer für die Umsetzung der Strategie verantwortlich ist,
- wie die Mitarbeiter in der neuen Strategie und den verbesserten Managementsystemen geschult werden,
- einen Kommunikations- und Einbeziehungsplan, der festlegt, wie die Strategie an Kunden und Lieferanten kommuniziert wird und welche neuen Verpflichtungen wann in neue und bestehende Verträge aufgenommen werden.

Schließlich hilft die Überwachung der Fortschritte im Vergleich zu den Zielen der RBC-Strategie und den spezifischen Zielvorgaben und Indikatoren in Schritt 4 den Unternehmen zu verstehen, ob ihre Strategien und Managementsysteme die priorisierte Umweltrisiken und negativen Auswirkungen wirksam angehen. Diese Art von Rückkopplungsschleifen sind wichtig, um Prozesse und Ergebnisse im Laufe der Zeit ständig zu verbessern.

1.3 Welche Beziehung besteht zwischen existierenden Umweltmanagementsystemen (UMS) und der Umwelt-Due-Diligence nach OECD-RBC-Standards?

„Umweltmanagement umfasst risikobasierte Due-Diligence-Prüfungen auf negative Umweltauswirkungen", wie es in den MNU-Leitsätzen heißt. Im Zusammenhang mit den Leitsätzen wird der Begriff „Umweltmanagement" in einem weiten Sinne interpretiert: es umfasst Aktivitäten, die darauf abzielen, Umweltauswirkungen und -risiken zu verstehen, durch die Tätigkeit, die Produkte und Dienstleistungen eines Unternehmens verursachte Umweltauswirkungen zu vermeiden und zu bewältigen, den Anteil des Unternehmens an kumulativen Auswirkungen zu berücksichtigen und die Umweltleistung eines Unternehmens ständig zu verbessern".

Die Verbesserung der Umweltleistung erfordert eine Verpflichtung zu einem systematischen Ansatz und zur kontinuierlichen Verbesserung. Ein UMS bietet den internen Rahmen, der notwendig ist, um Umweltbelange in die Unternehmenstätigkeit zu integrieren. Das Vorhandensein eines solchen Systems sollte dazu beitragen, Aktionären, Arbeitnehmern, Mitarbeitern und Gemeinden sowie anderen relevanten Stakeholdern zu versichern, dass das Unternehmen aktiv daran arbeitet, die Umwelt vor den Auswirkungen seiner Tätigkeiten zu schützen. Tabelle 3 zeigt die entsprechenden Elemente eines UMS (basierend auf ISO 14001:2015) und die entsprechende Due Diligence gemäß den MNU-Leitsätzen und dem RBC-Leitfaden.

In der Praxis können sich herkömmliche Umweltmanagementsysteme jedoch in Umfang und Zweck von den in den MNU-Leitsätzen formulierten Erwartungen unterscheiden. Sie können sich beispielsweise nur auf die Umweltauswirkungen konzentrieren, die mit der direkten Geschäftstätigkeit eines Unternehmens verbunden sind, anstatt auch die Risiken und Auswirkungen in der gesamten Lieferkette und in den Geschäftsbeziehungen zu berücksichtigen. Sie können einen auf die Einhaltung der gesetzlichen Vorschriften für bestimmte Umweltziele ausgerichteten Ansatz beinhalten, anstatt eines risikobasierten Ansatzes, der auf eine kontinuierliche Verbesserung im Laufe der Zeit abzielt, und sie sehen möglicherweise nicht ausreichend eine sinnvolle Einbeziehung der Stakeholder vor.

So können Unternehmen vorhandene Umweltmanagementsysteme als ein Instrument zur Unterstützung ihrer Due Diligence in Betracht ziehen und gleichzeitig Lücken schließen, die in den bestehenden Systemen im Vergleich zum risikobasierten Due-Diligence-Prozess, wie sie in den MNU-Leitsätzen empfohlen wird, vorkommen können. Für nachgelagerte Unternehmen kann dies bedeuten, dass sie den Umfang und die Relevanz der Umweltmanagementsysteme der Lieferanten bewerten und ihre eigene Due Diligence aufstocken.

Tabelle 3. Integration von UMS in umfassendere RBC-Überlegungen

Einschlägiger Schritt des OECD-Rahmens für die Due Diligence	Entsprechende Elemente eines Umweltmanagementsystems (basierend auf ISO 14001:2015)
Schritt 1: Verankerung von RBC in Strategien und Managementsystemen	Sicherstellung der Führung und Verpflichtung der obersten Leitung eines Unternehmens, Festlegung einer Umweltpolitik, von Organisationsstrukturen und Prozessen für das Umweltmanagement Sicherstellung der erforderlichen Ressourcen, Kompetenzen und angemessenen internen Kommunikation Verständnis des Umfelds, in dem ein Unternehmen tätig ist, einschließlich der Erfordernisse und Erwartungen der Stakeholder und der rechtlichen Anforderungen
Schritt 2: Bestimmung und Bewertung negativer Auswirkungen in Tätigkeiten, Lieferketten und Geschäftsbeziehungen	Bestimmung, Bewertung und interne Kommunikation der Umweltaspekte und -auswirkungen sowie der damit verbundenen Risiken und Chancen Verständnis des Umfelds, in dem ein Unternehmen tätig ist, einschließlich der Bedürfnisse und Erwartungen der Stakeholder und der rechtlichen Anforderungen
Schritt 3: Negative Auswirkungen beenden, vermeiden oder mindern	Festlegung von Umweltzielen Planung und Durchführung von Maßnahmen
Schritt 4: Verfolgung der Umsetzung und der Ergebnisse	Verfolgung der Umsetzung durch Bewertung der Umweltleistung und der Einhaltung bindender Verpflichtungen Erzielung einer fortlaufenden Verbesserung
Schritt 5: Kommunizieren, wie mit den Auswirkungen umgegangen wird	Gewährleistung einer angemessenen externen Kommunikation über das UMS und seine Ergebnisse
Schritt 6: Gegebenenfalls für Wiedergutmachung sorgen oder dabei mitwirken und Schritt 3: Negative Auswirkungen beenden, vermeiden oder mindern	Beseitigen von Nichtkonformitäten und Ergreifen von Korrekturmaßnahmen.

Quelle: ISO 14001:2015 Umweltmanagement – Anforderungen mit Anleitung zur Anwendung.

Schritt 2: Tatsächliche und potenzielle negative Auswirkungen im Zusammenhang mit Geschäftstätigkeiten, Produkten oder Dienstleistungen des Unternehmens bestimmen und bewerten

Was sagt der RBC-Leitfaden?

- Durchführung eines **breit angelegten Scopings**, um alle Geschäftsfelder innerhalb aller Geschäftstätigkeiten und -beziehungen, einschließlich der Lieferkette, zu bestimmen, in denen RBC-Risiken am wahrscheinlichsten auftreten und am schwerwiegendsten sind.
- Ausgehend von den oben ermittelten wesentlichen Risikobereichen werden **iterative und zunehmend eingehendere Bewertungen** der priorisierten Geschäftstätigkeiten, Lieferanten und anderen Geschäftsbeziehungen **durchgeführt**, um spezifische tatsächliche und potenzielle negative RBC-Auswirkungen zu ermitteln und zu bewerten.

- **Es wird beurteilt, inwieweit das Unternehmen in die festgestellten tatsächlichen oder potenziellen negativen Auswirkungen verwickelt ist.** Insbesondere ist zu bestimmen, ob das Unternehmen die Auswirkungen verursacht, zu ihnen beigetragen hat oder durch eine Geschäftsbeziehung direkt mit ihnen verbunden war (oder eine potenzielle Auswirkung verursachen würde, zu ihr beitragen würde oder in unmittelbarer Verbindung mit ihr stehen würde).
- Auf der Grundlage der erhaltenen Informationen über tatsächliche und potenzielle negative Auswirkungen sollen gegebenenfalls die erheblichsten **RBC-Risiken** basierend auf Schwere und Wahrscheinlichkeit **für Maßnahmen** priorisiert werden.

Schlüsselfragen zur Einbeziehung von Umweltrisikoüberlegungen bei diesem Schritt:

- 2.1 Welche Faktoren kann ein Unternehmen berücksichtigen, wenn es die Umweltrisiken und -auswirkungen in seiner Lieferkette **einschätzt und priorisiert**?
- 2.2 Welche Arten von Informationsquellen und -instrumenten können Unternehmen nutzen, um die Umweltrisiken und -auswirkungen von priorisierten Lieferanten **eingehend zu bewerten**?
- 2.3 Welche Arten von Indikatoren können eine vertiefte Due Diligence auslösen?
- 2.4 Welche besonderen Umweltrisiken und -auswirkungen kann die Beschaffung aus s**ekundären Quellen** haben?
- 2.5 Welche Instrumente und Ressourcen stehen den Unternehmen bei der Ermittlung und Bewertung der **Klimaauswirkungen** zur Verfügung, um die **Treibhausgas-Hotspots** in der Lieferkette zu bewerten?
- 2.6 Wie kann ein Unternehmen die Beteiligung von **ASM** an tatsächlichen oder potenziellen negativen Umweltauswirkungen bewerten?
- 2.7 Wie kann ein Unternehmen **seine Beteiligung** an festgestellten Umweltrisiken und negativen Auswirkungen in der Lieferkette bewerten?

2.1 Welche Faktoren kann ein Unternehmen berücksichtigen, wenn es die Umweltrisiken und -auswirkungen in seiner Lieferkette einschätzt und priorisiert?

- Die Unternehmen sollten eine erste Bestandsaufnahme ihrer eigenen Tätigkeiten und Geschäftsbeziehungen durchführen, um die schwerwiegendsten und wahrscheinlichsten Umweltrisiken zu ermitteln und zu priorisieren, wobei sie die „Risikofaktoren" auf Branchen-, Produkt-, geografischer und Unternehmensebene berücksichtigen.[23]
- Von den Unternehmen wird erwartet, dass sie für das High-Level-Scoping Informationen aus einer Reihe von Quellen sammeln, die Informationen liefern, die durch Frühwarnsysteme und Beschwerdemechanismen sowie durch die Einbindung relevanter Stakeholder und Experten gewonnen wurden. Das Scoping sollte mit neuen Informationen aktualisiert werden, wenn das Unternehmen wesentliche Änderungen vornimmt (z. B. wenn es in einem neuen Land tätig wird oder von dort Ressourcen bezieht, wenn es eine neue Produkt- oder Dienstleistungslinie entwickelt oder wenn es neue Formen von Geschäftsbeziehungen eingeht).

Was die Umweltauswirkungen betrifft, so haben einige Bergbau-, Verhüttungs- und Raffinerieprozesse einen größeren umweltbezogenen Fußabdruck als andere, und einige geografische und biophysikalische Umgebungen sind empfindlicher als andere. Unternehmen können zum Beispiel die folgenden Faktoren berücksichtigen:

Ökosystemtyp (terrestrisch, marin und aquatisch) und Topografie:

- In Gebieten mit einer großen Biodiversität, wie Wäldern, Feuchtgebieten oder Küstenzonen, muss eine vertiefte Due Diligence im Hinblick auf das Risiko negativer Umweltauswirkungen angewendet werden. So ist beispielsweise eine steigende Zahl von Explorationslizenzen in tropischen und subtropischen Wäldern zu beobachten, und es ist zu erwarten, dass die Zahl der Minen in Waldlandschaften und in Ländern mit einer schwachen Regulierung der Wechselwirkungen zwischen Bergbau und Wäldern zunimmt.
- Während Hotspots mit hoher Biodiversität wie die Tropenwälder Vorrang beim Schutz der Biodiversität verdienen, ist im Kontext des Klimaschutzes der Abbau von bzw. in Torfgebieten, Feuchtgebieten, Grasland und borealen Wäldern aufgrund des Kohlenstoffspeicherpotenzials der Böden in diesen Biomen ebenfalls äußerst zerstörerisch, ihre einzigartige Biodiversität gar nicht zu erwähnen.
- Zu beachten sind auch Gebiete mit Oberflächen- und Grundwasserressourcen, die wichtige aquatische Ökosysteme unterstützen und/oder vom Menschen genutzt werden, z. B. als Trinkwasser, für den Eigenbedarf oder andere traditionelle Zwecke. Der Bergbau kann sich auf die Wasserqualität und -quantität auswirken, und die Schwelle für signifikante Risiken und Auswirkungen in Gebieten mit wichtigen Wasserressourcen kann niedriger sein als an anderen Standorten.
- Außerdem können die Auswirkungen seismischer Aktivitäten auf die Integrität von Dämmen in Gebieten mit starken Regenfällen schwerwiegender sein, was zu einem erhöhten Risiko von Schäden an den Anlagen führt (z. B. Dammbrüche, die zu unkontrolliertem Abfluss von sauren und metallhaltigen Grubenwässern führen).

Arten von Mineralen:

- Einige Arten von Mineralvorkommen bergen aufgrund hoher Konzentrationen an radioaktiven Mineralen, reaktiven Mineralen, säurebildenden Mineralen, metallauslaugenden Mineralen oder toxischen Elementen, deren Behandlung schwieriger sein kann, ein höheres Risiko in sich. Bergbau-, Aufbereitungs-, Hütten- und Raffinerieabfälle aus diesen Arten von Tätigkeiten können während der Betriebsdauer und über lange Zeiträume nach der Stilllegung ein höheres Risiko für Mensch und Natur darstellen.
- Die Umstellung auf minderwertige Erze ist mit erhöhten Risiken verbunden, da sie größere Abfallmengen produzieren und mehr Energie, Wasser und Chemikalien für die Aufbereitung benötigen.
- Verschiedene Rohstoffe haben unterschiedliche spezifische Umweltauswirkungen. Einige Metalle haben hohe spezifische Auswirkungen (Potenziale), aber aufgrund geringerer Mengen und Massenströme nur geringe Auswirkungen in absoluten Zahlen, während andere Metalle (Eisen/Stahl) vor allem wegen ihrer größeren Mengen und Massenströme hohe Gesamtauswirkungen aufweisen. Weitere Informationen sind zu finden im OECD's Global Material Resources Outlook to 2016 (Globaler Ausblick auf Materialressourcen der OECD bis 2016) (OECD, 2019[17]).

Art der Abbau- und der Aufbereitungstechnik:

- Die für die Aufbereitung des Rohstoffs verwendeten Techniken und Chemikalien können die Wahrscheinlichkeit von Umweltrisiken und negativen Auswirkungen bestimmen. Im Allgemeinen sind für das Raffinieren und die Verhüttung große Energiemengen erforderlich, die in vielen Fällen aus fossilen Brennstoffen stammen und Treibhausgasemissionen verursachen. Bei Transport und Behandlung entstehen in der Regel große Mengen an Staub, flüchtigen organischen Verbindungen und Treibhausgasen sowie Lärmemissionen (Garbarino et al., 2021[18]). Die Lagerung von Mineralen wirft in der Regel Fragen der Sicherheit auf (strukturelle, physikalische und chemische

Stabilität), kann Emissionen in Boden, Wasser und Luft (in geringerem Umfang) verursachen und sich auf Habitate auswirken.

- Tagebaue haben mehr Auswirkungen auf die Landoberfläche und die Luft (Staub) als der Tiefbaugruben, da Tagebaue und Abraumhalden größere Flächen in Anspruch nehmen als Tiefbaugruben. Sowohl Tiefbaugruben als auch Tagebaue können jedoch Auswirkungen auf die Wasserqualität und -menge haben. Während der Bergbautätigkeit ist meistens Wasserhaltung notwendig, um die Grubenräume trocken und für die Bergleute sicher zu halten, was jedoch die Verfügbarkeit von Wasser beeinträchtigen kann. Niederschläge und Abflüsse auf und über den abgebauten Flächen sowie Bergbau- und Aufbereitungsabfällen können sowohl im Untertagebau als auch im Tagebau zu einer Mobilisierung von Metallen in angrenzende Gebiete, ins Grundwasser und in Oberflächengewässer führen. Tailingsanlagen können bei vielen Bergbaubetrieben ein Risiko darstellen.

Die Identifizierung von Material-, Prozess- und Ökosystemkategorien, die die Schwere und die Wahrscheinlichkeit von Umweltrisiken und -auswirkungen erhöhen können, kann als Teil eines ersten Scopings Indikatoren für einen risikobasierten Ansatz liefern und das Unternehmen in die Lage versetzen, eine erste Priorisierung der wichtigsten Risikobereiche für eine weitere Bewertung vorzunehmen. Auf der Grundlage der priorisierten Risikothemen kann ein Unternehmen einzelne risikoreichere Tätigkeiten und Geschäftsbeziehungen für eine eingehende Kartierung und Risikobewertung auswählen, um spezifische Risiken und negative Auswirkungen auf Standortebene zu ermitteln.

Darüber hinaus können während und nach der Stilllegung von Bergwerken Risiken und Auswirkungen auftreten. Bestimmte Bergwerke haben Tailingsanlagen und -dämme, und diese müssen bis weit in die Zukunft hinein überwacht und gewartet werden, um die Stabilität zu gewährleisten und Leckagen, Verschmutzungen und Versagen zu vermeiden. Bei einigen Betrieben ist eine langfristige Wasserbewirtschaftung und -überwachung erforderlich, da Abflüsse und Sickerwasser, die mit Abfällen, Tailings, Tagebau- und Tiefbauwänden in Berührung kommen, noch lange nach der Schließung des Bergwerks ein Risiko und eine Quelle für potenzielle Umweltbelastungen darstellen können. Wenn die Stilllegungsmaßnahmen nicht ordnungsgemäß durchgeführt worden sind, können die Umweltauswirkungen nach der Stilllegung genauso groß oder sogar größer sein als die Risiken während des Bergbaubetriebs selbst. Außerdem ist die Wahrscheinlichkeit höher, dass Minderungsmaßnahmen nicht aufrechterhalten werden oder nicht funktionieren, wenn der Bergbaubetreiber nicht mehr aktiv am Standort tätig ist und kein Einkommen mehr erzielt, das die Überwachung und Instandhaltung nach der Stilllegung finanzieren könnte.

2.2 Welche Arten von Informationsquellen und -instrumenten können Unternehmen nutzen, um die Umweltrisiken und -auswirkungen von priorisierten Lieferanten eingehend zu bewerten?

- Von den Unternehmen wird erwartet, dass sie verhältnismäßige und risikobasierte Bewertungen von priorisierten Lieferanten erstellen, um spezifische Umweltauswirkungen zu ermitteln und zu bewerten. Die Bewertungen werden für die meisten Arten von Risiken im Großen und Ganzen Folgendes umfassen:
  - tatsächliche oder potenzielle negative Auswirkungen, die der Lieferant verursacht oder zu denen er beigetragen hat, einschließlich solcher, die mit zukünftigen Projekten oder Aktivitäten verbunden sind;
  - die Fähigkeit und Bereitschaft der Lieferanten, eine Due Diligence durchzuführen;
  - die Angemessenheit der durchgeführten Due Diligence, einschließlich der Maßnahmen zur Vermeidung, Minderung und Wiedergutmachung von relevanten Umweltrisiken und -auswirkungen (Schritte 3 und 6).

- Sie sollten versuchen, ausreichende Informationen zu sammeln, um Art und Umfang der tatsächlichen und potenziellen Auswirkungen bezüglich der priorisierten Lieferanten zu bewerten und Informationslücken oder blinde Flecken zu ermitteln. Dafür steht eine Reihe von Instrumenten und Informationsquellen zur Verfügung, um verschiedene Arten von Umweltrisiken und -auswirkungen zu bewerten (siehe Tabelle 4).
- Die Art der Bewertung und die Informationsquellen, die in einem bestimmten Kontext angemessen sind, hängen unter anderem von der Art des Umweltrisikos, seiner Schwere und Wahrscheinlichkeit, der Lage des Risikos in der Lieferkette und der Position der einzelnen Unternehmen in der Lieferkette ab, die mit dem Risiko oder der Auswirkung in Verbindung stehen.

Wenn beispielsweise Risiken in den am weitesten vorgelagerten Segmenten der Lieferkette liegen, am oder nahe dem Ort der Gewinnung, sollten nachgelagerte Unternehmen, sofern angemessen und machbar, Informationen über Geschäftsbeziehungen jenseits von Vertragslieferanten einholen und Verfahren zur Bewertung des Risikoprofils von weiter entfernten Ebenen der Lieferkette einrichten. Dies kann einzeln oder in Zusammenarbeit geschehen und kann die Überprüfung bestehender Lieferantenaudits oder anderer Bewertungen, die Einbindung relevanter Mid-Stream-Akteure und/oder Kontrollstellen (wie Metallhütten, Raffinerien und internationale Konzentrathändler) in der Lieferkette zur Bewertung der Qualität ihrer Due Diligence (siehe Abbildung 1) und die Beratung mit relevanten Stakeholdern umfassen.

Der Schwerpunkt der Risikobewertungen nachgelagerter Unternehmen liegt in einer solchen Situation in der Regel auf der Bewertung und Verbesserung der Due-Diligence-Managementsysteme der Kontrollstelle, die meistens eine größere Sichtbarkeit und Einflussmöglichkeiten auf andere vorgelagerte Segmente haben. Ist ein Risiko oder eine negative Auswirkung bei der Kontrollstelle selbst vorhanden, können sich die Risikobewertungen der nachgelagerten Unternehmen auch auf die eigenen Maßnahmen der Kontrollstellen zur Vermeidung, Minderung und Wiedergutmachung konzentrieren.

Tabelle 4. enthält Beispiele für allgemeine Informationsquellen zur Bewertung von Umweltrisiko- oder -auswirkungskategorien anhand möglicher Indikatoren. Anhang B enthält ausführlichere Beispiele für die Organisationen, Instrumente und Online-Ressourcen.

Tabelle 4. Beispiele für Indikatoren und Informationsquellen zur Ermittlung und Bewertung der wichtigsten Umweltrisiken in vorgelagerten Lieferketten

Umweltproblem	Mögliche Daten und Indikatoren	Nicht vollständige Liste möglicher Informationsquellen und hilfreicher Instrumente
Biodiversitätsverlust (z. B. Entwaldung, Zerstörung von Korallenriffen, Artenverlust) und Schädigung von Schutzgebieten	Von den Betrieben beanspruchte Fläche Gefährdete Arten Maßnahmen zur Gesundheit des Ökosystems anhand von Biomonitoring-Daten Beeinträchtigte Ökosystemleistungen Nähe zu wichtigen Biodiversitätsgebieten Zerstörte Fläche wertvoller Habitate Störung der Tierwelt Entwaldete Fläche % der wichtigsten Biodiversitätsgebiete, die durch die Tätigkeiten beeinträchtigt werden können Informationen über die physikalischen Gefahren und die Toxizität von Materialien für die menschliche Gesundheit und die Umwelt während der Behandlung, des Transports und der Verwendung dieser Materialien.	EMS Umwelt- und Sozialverträglichkeitsprüfungen (ESIAs), einschließlich Plänen für das Management der Biodiversität, Aktionsplänen für die Biodiversität, Plänen für die Stilllegung von Bergwerken und Plänen zum Ausgleich der Biodiversität Studien von Universitäten, Industrie und Nichtregierungsorganisationen (NGO) Laufende Überwachungsdaten von der Regierung oder dem Lieferanten Berichte über Umwelt- und Wassermanagementprogramme von der Regierung oder dem Lieferanten Nationale/regionale Richtlinien und Bewertungen von Biodiversitätswerten und Naturkapital Instrumente und Software für die Erdbeobachtung Internationale Gremien wie das Übereinkommen über die Biodiversität (CBD) verfügen möglicherweise über zusätzliche Daten für bestimmte Regionen.

Umweltproblem	Mögliche Daten und Indikatoren	Nicht vollständige Liste möglicher Informationsquellen und hilfreicher Instrumente
Klimawandel (z. B. THG-Emissionen, mangelnde Anpassung an die physikalischen Risiken des Klimawandels)	Scope 1, 2 und 3 THG-Emissionen Ausrichtung auf relevante Ziele und Übergangspfade	Der Netto-Null-Übergangsplan des Unternehmens Der Klimaanpassungsplan der Organisation Informationsquellen in Bezug auf die Glaubwürdigkeit von Netto-Null-Übergangsplänen, z. B. Kriterien für den Wettlauf zum Nullpunkt (Race to Zero Criteria), UNHLEG-„Integrität ist wichtig"-Bericht EMS ESIAs Umwelt- und Sozialmanagementprogramme (ESMPs) Ökobilanzen (LCAs) THG-Berichterstattungs-Rahmenwerke Universitäts-, industrielle und NGO-Studien und Einbeziehung von Experten Einhaltung von THG-Emissionsstandards Daten des Kohlenstoff-Offenlegungsprojekts (Carbon Disclosure Project, CDP)
Unsachgemäße Verwendung und Entsorgung von Gefahrstoffen	Menge und Art der verwendeten Gefahrstoffe Menge der in die Luft oder in Gewässer freigesetzten Gefahrstoffe Informationen über die physikalischen Gefahren und die Toxizität der Stoffe für die menschliche Gesundheit und die Umwelt bei der Behandlung, dem Transport und der Verwendung dieser Stoffe	EMS ESIAs ESMPs Ökobilanzen (LCAs) Universitäts-, industrielle und NGO-Studien Sicherheitsdatenblätter
Lärm und Vibrationen	Intensität und Frequenz des erzeugten Lärms Intensität und Frequenz der Vibrationen	ESIAs EMS ESMPs Überwachungssysteme der Gemeinschaft Universitäts-, industrielle und NGO-Studien
Physikalische Instabilität, Bodenerosion und Bodendegradation	Anzahl und Häufigkeit von Versagen in Tailingsanlagen Anzahl und Häufigkeit von Dammbrüchen Volumen von potenziell instabilem Material Erdbebenrisiko Daten zur Bodenqualität	Durchführbarkeitsstabilität Geotechnische Studien Daten zur Böschungsüberwachung Erdbebenrisikobewertung Daten zur Erdbebenüberwachung EMS ESIAs ESMPs Partizipative Überwachung durch Stakeholder
Kontamination (Luft, Wasser usw.)	Luftemissionen (außer THG) – Menge und Art Art und Menge der ausgestoßenen Schadstoffe Anzahl der Menschen, die in dem lokalen Gebiet (Wassereinzugsgebiet, Lufteinzugsgebiet) leben Anzahl der Menschen, die für den häuslichen Gebrauch vom örtlichen Süßwasser abhängig sind Anzahl der Menschen, die für ihre Ernährungssicherheit und Ernährung auf die lokale Umwelt (z. B. Flüsse, Seen, Wälder und Biodiversität) angewiesen sind Zahl der Menschen, die an durch Umwelt-verschmutzung verursachten Krankheiten leiden Informationen über die physikalischen Gefahren und die Toxizität von Materialien für die menschliche Gesundheit und die Umwelt während der Behandlung, des Transports und der Verwendung dieser Materialien.	EMS ESIAs ESMPs Ökobilanzen (LCAs) Zentrale und regionale staatliche Überwachungsnetze Universitäts-, industrielle und NGO-Studien Sicherheitsdatenblätter Informationen zur Volkszählung für die Region Sozioökonomische und Ökosystemleistungen: Grundlagenstudien Partizipative Überwachung durch Stakeholder
Zerstörung des kulturellen Erbes und Beeinträchtigung der Ästhetik	Von den Maßnahmen beanspruchte Fläche Anzahl der Beschwerden über die Beeinträchtigung von Kulturerbestätten oder der visuellen Ästhetik	ESIAs ESMPs Universitäts-, industrielle und NGO-Studien

Umweltproblem	Mögliche Daten und Indikatoren	Nicht vollständige Liste möglicher Informationsquellen und hilfreicher Instrumente
Unzureichende Abfallwirtschaft	Anfallende Abfälle (Menge und Art) Abfallmanagementsystem % der Tailingsanlagen mit Abdichtungen den Sickerwasseraustritt zu minimieren Art des angewandten Sickerwassermanagementsystems % der Tailingsanlagen mit Oberflächenabdichtung % der Abraumhalden mit Oberflächenabdichtung, sofern erforderlich Informationen über die physikalischen Gefahren und die Toxizität von Materialien für die menschliche Gesundheit und die Umwelt bei der Behandlung, dem Transport und der Verwendung dieser Materialien.	EMS ESIAs ESMPs Ökobilanzen (LCAs) Universitäts-, industrielle und NGO-Studien Sicherheitsdatenblätter
Wasserverknappung	Wasserverbrauch Daten zur Wasserknappheit Einzugsgebietsbilanz inkl. anderer Nutzungen Oberflächenwasserabfluss Grundwasserspiegel Nähe zu anderen Bergwerken Einzugsgebietsbilanzen Wasser-Fußabdruck (ISO 14046)	Hydrologische Studien und Modelle EMS in dem Gebiet durchgeführte ESIAs, ESMPs Universitäts-, industrielle und NGO-Studien Überwachungssysteme der Gemeinden Ökobilanzen (LCAs) Berichte über Wasserknappheit, Auswirkungen auf die Verfügbarkeit von Wasser für Nutzer

Anmerkung: Thi Diese Tabelle entspricht der Tabelle über Umweltrisiken in Kapitel 2: Umweltrisiken und-auswirkungen verstehen dieses Handbuchs.

Andere Quellen und Arten von Informationen, die für Unternehmen bei der Bewertung von Umweltrisiken im Zusammenhang mit Lieferanten relevant sein können, sind u. a:

- **Einzelheiten zu den RBC-Strategien, Geschäfts- und Beschaffungsmodellen des jeweiligen Lieferanten** unter besonderer Berücksichtigung der vorrangigen Umweltrisiken
- **Einzelheiten zu bestehenden EMS,** einschließlich der Frage, ob sie von einer unabhängigen dritten Partei verifiziert worden sind.
- **Angaben zu bestehenden Umweltverträglichkeitsprüfungen (ESIA),** einschließlich der Frage, ob diese von einer unabhängigen Partei durchgeführt worden ist und inwieweit die lokalen Gemeinschaften während der Forschung, der Ausarbeitung und der Fertigstellung einbezogen wurden, sowie andere Umweltprüfungen, Genehmigungen und Erlaubnisse (siehe Kasten 4).
- **Frühwarnsysteme, die von den Lieferanten eingerichtet werden,** um Umweltauswirkungen zu erkennen und zu vermeiden. Diese umfassen vier Schlüsselelemente: Risikowissen, Überwachungs- und Warnsystem, Kommunikation und Verbreitung von Warnungen sowie die Reaktionsfähigkeit der Lieferanten (UNISDR, 2008[19]).
- **Details on suppliers' strategies to address environmental impacts**, for example, improvements in efficiency (use of appropriate equipment, process optimizations, etc.), renewable energy deployment (on-site energy storage, electrification of vehicle fleet, etc.), energy intensity reduction and neutralization.
- **Standorte relevanter Betriebe und Konzessionsgebiete,** einschließlich der Gefährdung durch extreme Naturereignisse, Wasserstress, Nähe zu sensiblen Gebieten wie Wasserquellen, Schutzgebieten und anderen Gebieten mit hoher Biodiversität sowie natürlichen Ressourcen und menschlichen Siedlungen. Der Aquädukt Wasser-Risiko-Atlas (Aqueduct Water Risk Atlas) des World Resources Institute (WRI) (World Resources Institute, 2021[20]) (World Resources Institute, 2021[20]) sowie die Instrumente der Allianz für ein integriertes Instrument zur Bewertung der

Biodiversität (Integrated Biodiversity Assessment Tool) (IBAT Alliance, n.d.[21]) stehen für die Ermittlung von Wasserstress und Biodiversitätsrisiken zur Verfügung.

- **Informationen über Flächenberäumung** und -wiederherstellung (in % der Gesamtfläche der Anlage/Konzession), einschließlich Entwaldung und Wiederaufforstung (in % der Gesamtfläche der Anlage/Konzession).
- **Schließungspläne,** die die Stilllegung, soziale Schließungspläne und die Wiedergutmachung des Standorts sowie finanzielle Rückstellungen für diesen Zweck umfassen.

Kasten 5. Umwelt- und Sozialverträglichkeitsprüfungen (ESIAs)

In den meisten Rechtsordnungen ist ein Lieferant, dessen Tätigkeit erhebliche Risiken und Auswirkungen mit sich bringt (z. B. ein Bergbaubetreiber), verpflichtet, eine Umwelt- und Sozialverträglichkeitsprüfung (ESIA) durchzuführen. ESIAs berücksichtigen im Allgemeinen im Falle eines Risikos die Empfindlichkeit, die Qualität und die Werte, die mit der biophysikalischen, kulturellen und sozialen Umwelt verbunden sind, sowie die Fähigkeit der aufnehmenden Umwelt und der Bevölkerung, mit den entstandenen Auswirkungen fertig zu werden. ESIAs sollten auch das Ausmaß (geografische Ausdehnung/Entfernung, Größe, Intensität, Dauer) und die wahrscheinlichen Folgen der aus dem Risiko resultierenden Auswirkungen berücksichtigen (IAIA, n.d.[22])

Der Inhalt einer ESIA ist nicht nur Teil der Due Diligence, sondern kann auch als Informationsquelle für Due-Diligence-Prozesse genutzt werden. Der spezifische Inhalt ändert sich jedoch von einem Land zum anderen und hängt von der Art des zu prüfenden Betriebs ab. Die Qualität und Glaubwürdigkeit einer ESIA kann unter anderem von der Unabhängigkeit des Prüfers oder des Expertenteams, der Glaubwürdigkeit, der Genauigkeit und der Tiefe der bereitgestellten Informationen, dem Umfang und der Qualität der Einbeziehung der Stakeholder und dem Grad der Transparenz abhängen. Wenn Zweifel an der Qualität oder Unabhängigkeit einer ESIA aufkommen, sollte sich das Unternehmen bei seiner Due Diligence nicht auf die Informationen in der ESIA verlassen.

Nachgelagerte Unternehmen können darüber hinaus in Erwägung ziehen, Informationen zu sammeln, zum Beispiel durch:

- **Informationen, die durch Beschwerdemechanismen in der Lieferkette** und andere Überwachungsplattformen **gesammelt werden**, auch um die Wirksamkeit von Beschwerdemechanismen auf betrieblicher Ebene zu bewerten;
- **sinnvolle Einbeziehung relevanter Stakeholder und/oder Experten**, einschließlich Stakeholder, die von negativen Umweltauswirkungen im Zusammenhang mit den Tätigkeiten, Produkten oder Dienstleistungen des Unternehmens betroffen (oder potenziell betroffen) sind, oder deren legitime Vertreter;
- **Vor-Ort-Inspektionen oder -Bewertungen**, wenn möglich, bei priorisierten Lieferanten (auch mit einem lokalen Experten, um ein Verständnis für den Lieferanten, seine Aktivitäten und Produktions- und Due-Diligence-Prozesse zu entwickeln);[24]
- **estehende Bewertungen** von priorisierten Lieferanten, z. B. durch Multi-Stakeholder-, Industrie- oder Regierungsinitiativen („Nachhaltigkeitsinitiativen“) (wie ISO14001-Audits oder Bewertungen durch the Copper Mark, Initiative for Responsible Mining Assurance (IRMA), Towards Sustainable Mining (TSM), Responsible Jewellery Council (RJC), International Council on Mining and Metals (ICMM), World Gold Council (WGC), Responsible Steel, Aluminium Stewardship Initiative (ASI), the International Tin Association's Tin Code), und die Environmental Social Guidance Standard for Mineral Supply Chains of the Responsible Minerals Initiative/Responsible Business Alliance;

- **andere kooperative Ansätze mit Akteuren aus der Industrie**, z. B. in sensiblen Landschaften, in denen eine bestimmte Mineralienkategorie in erheblichem Umfang gefördert wird, können Unternehmen zusammenarbeiten und gemeinsam eine strategische Umweltprüfung auf landschaftlicher Ebene (die von den relevanten Stakeholdern festzulegen ist) und nicht nur für einzelne Betriebe finanzieren (European Union, 2021[23]), um Skalenvorteile zu erzielen, kumulative Auswirkungen und vorrangige Probleme zu ermitteln, die sie in ihre Beschaffungsstrategien einfließen lassen, und um bei der Verringerung der Schwere oder Wahrscheinlichkeit des Auftretens bestimmter Risiken zusammenzuarbeiten (siehe Kasten 3 für ein Beispiel für kooperative Ansätze zur Bewertung von Umweltrisiken). Dies könnte z. B. über eine Branchenplattform oder eine Multi-Stakeholder-Initiative wie die Responsible Minerals Initiative (unter Federführung der Industrie) oder die European Partnership for Responsible Minerals und die Public Private Alliance for Responsible Minerals Trade (multi-stakeholder) geschehen;
- **Berichterstattung und Offenlegung der Lieferanten,** z. B. in Nachhaltigkeitsberichten, Klima- und Biodiversitätsberichten (siehe Anhang B) oder in Benchmarking-Initiativen der Branche, wie sie von Dritten eingerichtet wurden, sowie in glaubwürdigen öffentlichen Berichten. Mit Hilfe von Erdbeobachtungsinstrumenten oder anderen Geodatenanbietern können gegebenenfalls beobachtbare Veränderungen in der Landschaft rund um den Betrieb eines Lieferanten überwacht werden;[25]
- **Prüfung von Problemen, die in der Region oder dem Gebiet,** in dem ein Akteur der Rohstofflieferkette tätig ist, **vorherrschen** (z. B. wenn ein Lieferant in einer Region tätig ist, in der es infolge von Schiffsunfällen zu schwierigen Ölverschmutzungen gekommen ist, die Schäden an den Meeresökosystemen verursacht haben, und die Integrität des lokalen Transports und der Logistik innerhalb der Rohstofflieferkette geprüft werden kann).

Wichtig ist, dass die Unternehmen nach internationalen Standards die Verantwortung für ihre eigene Due Diligence behalten. Wenn Unternehmen die Ergebnisse oder andere Informationen einer Branchen-, Regierungs- oder Multi-Stakeholder-Initiative zur Unterstützung ihrer Due Diligence heranziehen, sollten sie diese Informationen überprüfen, um sicherzustellen, dass sie glaubwürdig, relevant und aktuell sind.[26]

Blinde Flecken der Information

Unternehmen, insbesondere solche, die sich in größerer Entfernung von dem Ort befinden, an dem das Risiko oder die negative Auswirkung auftritt, oder die durch mehrere Stufen in der Lieferkette davon getrennt sind, werden natürlich Bereiche identifizieren, in denen es ihnen an Informationen oder unabhängigen Daten zur Bewertung von Umweltrisiken fehlt. In einigen Fällen ist es vielleicht nicht möglich, die erforderlichen Informationen zu beschaffen, und in anderen Fällen verfügt ein Unternehmen vielleicht nicht über das richtige Fachwissen, um zu wissen, welche Fragen zu stellen sind oder wo man suchen muss. Ein weiteres Beispiel für blinde Flecken sind Informationen über Probleme, die sich noch nicht manifestiert haben, z. B. Umweltauswirkungen, die nach der Schließung eines Bergwerks oder einer Metallhütte auftreten können.

In diesen Fällen und je nach Kontext kann die Einbindung von gemeinsamen Käufern oder anderen relevanten Lieferanten, Zwischenhändlern und Stakeholdern besonders wichtig sein (z. B. relevante lokale NGO, Arbeitnehmer*innen oder deren Vertreter oder andere betroffene oder potenziell betroffene Stakeholder). So ist beispielsweise die Zusammenarbeit mit Händlern wichtig, um Informationen über Risiken im Zusammenhang mit Transport- und Logistikaktivitäten zu sammeln, denen oft nur wenig Aufmerksamkeit geschenkt wird und deren Umweltauswirkungen erheblich sein können. Bemühungen um stärkere Einflussmöglichkeiten auf relevante Lieferanten oder Kontrollstellen können ebenfalls wichtig sein, wenn es den Unternehmen an den notwendigen Informationen mangelt (siehe Diskussion zu Schritt 3 unten).

2.3 Welche Arten von Bedingungen können eine vertiefte Due Diligence auslösen?

Indikatoren für ein potenziell hohes Risiko können für das Risiko-Scoping und die Risikobewertung in Schritt 2 relevant sein und vertiefte Due Diligence auslösen. Tabelle 5 enthält illustrative, nicht vollständige Beispiele für Bedingungen im Zusammenhang mit Bergbau-, Aufbereitungs-, Verhüttungs-, Recycling- oder Raffinationstätigkeiten, die je nach Kontext und den Ergebnissen des Scoping-Verfahrens der Stufe 2 eine vertiefte Due Diligence rechtfertigen können.

Tabelle 5. Beispiele für Bedingungen im Zusammenhang mit Bergbau, Aufbereitung, Verhüttung, Recycling oder Raffination (je nach Risikotyp), die eine vertiefte Due Diligence rechtfertigen können

Umweltproblem	Illustrative Beispiele für Bedingungen, die eine vertiefte Due Diligence rechtfertigen können
Biodiversitätsverlust (z. B. Entwaldung, Zerstörung von Korallenriffen, Artenverlust) und Schädigung von Schutzgebieten	• Betrieb in oder in der Nähe von Welterbestätten. • Betrieb in oder in der Nähe von sensiblen, hoch geschätzten Schutzgebieten wie Gebieten mit hohem Erhaltungswert, Hotspots der Biodiversität, Schutzgebieten der Kategorien I–IV der International Union for Conservation of Nature (IUCN), Ramsar-Gebieten, Primärregenwäldern, Biosphärenreservaten der Organisation der Vereinten Nationen für Erziehung, Wissenschaft und Kultur (UNESCO) und anderen wirksamen gebietsbezogenen Erhaltungseinheiten. • Betrieb in oder in der Nähe von kritischen Habitaten gemäß der Definition des Leistungsstandards 6 (PS6) der Internationale Finanz-Corporation (International Finance Corporation, IFC). • Signifikanter Verlust von Biodiversität innerhalb des direkten und indirekten Fußabdrucks der Aktivitäten (gemäß IFC Leistungsstandards 1 (PS1) und 6 (PS6)). • Entwaldung von Wäldern oder Bergbauaktivitäten in bewaldeten Gebieten. • Tiefsee- oder Meeresbergbau, der von der Internationalen Meeresbodenbehörde (International Seabed Authority) oder den zuständigen nationalen Behörden nicht reguliert wird oder bei dem glaubwürdige Studien belegen, dass innerhalb und/oder außerhalb der Bergbaugrenzen irreversible Schäden an der Meeresumwelt auftreten können oder werden.
Klimawandel (z. B. THG-Emissionen, mangelnde Anpassung an die physikalischen Risiken des Klimawandels)	• Der Betrieb schädigt Kohlenstoffsenken wie Wälder mit hohem Kohlenstoffbestand oder Torfgebiete. • Der Betrieb ist zur Deckung seines Energiebedarfs ausschließlich/stark auf fossile Brennstoffe angewiesen. • Der Betrieb versäumt es, einen Dekarbonisierungsplan aufzustellen und umzusetzen sowie kurz-, mittel- und langfristige Minderungsziele, die mit international vereinbarten globalen Temperaturzielen übereinstimmen, zu beschließen, umzusetzen, zu überwachen und darüber zu berichten. • Betrieb, der zu einem Festhalten ("Lock-in") an kohlenstoffintensiven Vermögenswerten führt. • Betrieb, der es versäumt, einen Plan zur Anpassung an den Klimawandel aufzustellen und umzusetzen, um sich auf die aktuellen und zukünftigen Auswirkungen des Klimawandels vorzubereiten und auf sie zu reagieren.
Unsachgemäße Verwendung und Entsorgung von Gefahrstoffen	• Betrieb verwendet Quecksilber zur Goldgewinnung. • Betrieb verwendet Zyanid bei der Goldgewinnung außerhalb des anerkannten Managementsystems des Internationaler Verhaltenskodex für Cyanidmanagement (International Cyanide Management Code). • Unsachgemäßes Recycling und Aufbereitung von gebrauchten Blei-Säure-Batterien und anderem Bleischrott, das zu Umweltschäden führt
Lärm und Vibrationen	• Wildtiere, die aufgrund von Lärm aus einem Gebiet in der Nähe eines Bergwerks abwandern. • Lokale Gemeinschaften werden durch Lärm stark beeinträchtigt.
Physikalische Instabilität, Bodenerosion und Bodendegradation	• Versagen von Tagebauböschungen und Bergehalden. • Gebirgsschlag, Senkungen und die Entstehung von Sinklöchern • Versagen von Tailingsanlagen. • Versagen von Schlackenhalden. • Verlust des Bodens als Ressource durch Erosion und Degradation der Bodenqualität.
Kontamination (Luft, Wasser, Boden)	• Der Betrieb hat zu einer Umweltverschmutzung geführt, die auf Dauer behandelt werden muss. • Die Emissionen aus Metallhütten und Raffinerien werden nicht erfasst und behandelt. • Saure und metallhaltige Grubenwässer • Einleiten von warmem Kühlwasser aus Metallhütten führen zu raschen thermischen Veränderungen in der Empfangsumgebung. • Unkontrollierte Freisetzung von Sedimenten und Prozesschemikalien, wie Quecksilber aus artisanalem Bergbau, in Oberflächen- oder Grundwasser.

Umweltproblem	Illustrative Beispiele für Bedingungen, die eine vertiefte Due Diligence rechtfertigen können
	• Emissionen von Schwefeldioxid aus der Röstung von Sulfidkonzentraten in Metallhütten für Basismetalle, von Fluorid aus Aluminiumhütten, von polychlorierten Dibenzodioxinen insbesondere aus Kupfer- oder Eisenerzsinteranlagen oder von Arsen, Blei, Kadmium und Quecksilber aus Metallhütten, die mit negativen Auswirkungen auf die Land- und Bodenqualität sowie das Ökosystem und die menschliche Gesundheit verbunden sind. • Dioxine und Furane aus der offenen Verbrennung von kunststoffbeschichteten metallhaltigen Produkten, wie z. B. Gebäudekabel. • Bodenkontamination in der Nähe von Bergwerken, Raffinerien und Metallhütten durch Ablagerung von Emissionen oder Abfall.
Zerstörung des kulturellen Erbes und Beeinträchtigung der Ästhetik	• Die Tätigkeit wird kulturelle oder heilige Stätten, einschließlich Stätten des Weltkulturerbes, unwiederbringlich beschädigen oder beeinträchtigen. • Die Tätigkeit kann vorübergehend negative Auswirkungen auf heilige Stätten haben oder den Zugang zu solchen Stätten einschränken. • Die Tätigkeit beeinträchtigt die Fähigkeit der lokalen Gemeinde, ihre Umwelt zu genießen und zu nutzen.
Unzureichende Abfallwirtschaft	• Beim Bergbau, der Aufbereitung von Mineralen, der Verhüttung und dem Raffinieren fallen große Mengen gefährlicher und nicht gefährlicher Abfälle an, die nicht sicher entsorgt werden (ebenso wie marktfähige Nebenprodukte wie Schlacken). So entsorgt der Betrieb beispielsweise Tailings in Flüsse, Seen oder Küstengewässer.
Wasserverknappung	• Die Tätigkeiten finden in trockenen und wasserarmen Regionen statt. • Tätigkeiten, die die Wasserqualität verschlechtern, den Zugang zu natürlichen, insbesondere von indigenen Völkern oder lokalen Gemeinschaften benutzten Ressourcen beeinträchtigen oder einschränken können. • Eingeschränkter Zugang zu sauberem Wasser für lokale Gemeinschaften. • Glaubwürdige und unabhängige Studien belegen, dass der Wasserverbrauch in Bezug auf Qualität oder Quantität unhaltbar ist oder den Zugang zu angemessenem Wasser für andere Wassernutzer einschränkt. • Umleitung von Oberflächengewässern zur Erzeugung von Strom aus Wasserkraft an abgelegenen Orten, an denen kein Stromnetz zur Verfügung steht, was den Zugang zu sauberem Wasser für lokale Gemeinschaften einschränkt.
Sonstige	• Der Betreiber verfügt nicht über einen Stilllegungs- und Rekultivierungsplan für seine Anlagen (hauptsächlich für Bergwerke) mit finanziellen Garantien, oder der Plan ist im Verhältnis zu den aktuellen Aktivitäten veraltet. • Anhaltende und eklatante Nichteinhaltung nationaler Gesetze und Vorschriften im Zusammenhang mit dem Umweltmanagement und den Leistungsergebnissen (Ruf als Serienverschmutzer). • Anzeichen von Korruption im Zusammenhang mit dem Umweltmanagement und den Leistungsergebnissen. • Anhaltende oder ungelöste schwerwiegende Menschenrechtsverletzungen (einschließlich solcher, die durch Umwelteinflüsse vermittelt werden) im Zusammenhang mit der Geschäftstätigkeit des Lieferanten, auch gegenüber indigenen Völkern und Umwelt- und Menschenrechtsverteidigern. • Fehlende oder qualitativ minderwertige / schlecht zugängliche Offenlegung von Umweltvorfällen und • -auswirkungen. • Anzeichen von Greenwashing durch den Betreiber. • Keine Offenlegung der Ergebnisse und Empfehlungen der Umweltverträglichkeitsprüfung. • Mögliche Auswirkungen auf indigene Völker. • Fehlen einer sinnvollen Einbindung der Gemeinschaften. • Fehlende Zustimmung der indigenen Völker oder Gemeinschaften zur unfreiwilligen Umsiedlung von ihrem traditionellen Land und ihren natürlichen Ressourcen.

1. Unternehmen, die an den Grenzen geschützter Gebiete tätig sind oder Schutzgebiete in ihrem Einflussbereich haben, können enorme Auswirkungen auf Schutzgebiete haben, was eine vertiefte Due Diligence rechtfertigt.
2. Siehe Anhang II des OECD-Leitfadens für die Erfüllung der Sorgfaltspflicht zur Förderung verantwortungsvoller Lieferketten für Minerale aus Konflikt- und Hochrisikogebieten (OECD, 2019[24]) für detailliertere Informationen über schwere Menschenrechtsverletzungen.

2.4 Welche besonderen Umweltrisiken und -auswirkungen kann die Beschaffung aus sekundären Quellen mit sich bringen?

Obwohl sie die Möglichkeit bieten, Umweltschäden im Zusammenhang mit dem Bergbau und der Aufbereitung von Mineralen zu vermeiden, sind Sekundärmaterialien nicht frei von Risiken und negativen Auswirkungen und stellen besondere Herausforderungen für die Due Diligence der Lieferkette dar.

Negative Auswirkungen auf Mensch und Natur wurden beispielsweise für das Recycling von Bleibatterien (Lead Recycling Africa Project, 2016[25]) und das Recycling von Elektronikgeräten (UNEP, 2022[26]; UNEP, n.d.[27]) dokumentiert.

Zu den Risiken, die mit einem unsachgemäßen Recycling verbunden sind, gehören:

- Luft-, Boden- und Wasserverschmutzung und die verbundenen Auswirkungen auf die menschliche Gesundheit und Bioakkumulation von Schwermetallen in der Nahrungskette.
- Exposition von Arbeitnehmer*innen gegenüber Gefahrstoffen und die verbundenen gesundheitlichen Auswirkungen.
- Unvollständige Rückgewinnung und Entfernung von Gefahrstoffen während des Recyclings, wodurch die aus den recycelten Rohstoffen hergestellten Produkte kontaminiert sind.
- Zusätzliche Landnutzung und Flächenverbrauch durch unsachgemäße Reststoffdeponien von unvollständig recycelten Ausgangsprodukten.

Besondere Vorsicht ist bei der Beschaffung von Sekundärmaterialien aus undurchsichtigen Lieferketten geboten, d. h., wenn die Herkunft des Sekundärmaterials ungewiss ist. Bei einigen Metallen, wie z. B. Gold, kann das recycelte Metall, wenn es keiner Due Diligence unterzogen wird, das Waschen von Materialien ermöglichen, die auf schädliche und illegale Weise abgebaut werden, einschließlich solcher, die zu schwerwiegenden Umweltproblemen sowie zu Konflikten und Menschenrechtsverletzungen beitragen. Unternehmen, die recyceltes Metall beschaffen, können in einem ersten Schritt überprüfen, ob es sich tatsächlich um recyceltes Material handelt und nicht um teilweise aufbereitetes Bergbaumaterial, das als recycelt ausgegeben wird.

Der nächste Schritt besteht darin, das Risikoprofil von verschiedenen Mineralen zu verstehen (z. B. welche Chemikalien für die Gewinnung verwendet werden, welche Emissionen durch den Recyclingprozess verursacht werden, ob sie üblicherweise zusammen mit anderen Materialien aufbereitet werden, die Umweltschäden verursachen können). Im Rahmen eines risikobasierten Ansatzes müssen die Unternehmen unter Umständen auch bestimmen, wo das Recycling stattfindet, da der Standort die Risiken erheblich beeinflussen kann. Die Unternehmen sollten eine umfassende Risikobewertung über die Bezugsquellen des Recyclers durchführen und alle Bedingungen ermitteln, die gegebenenfalls eine vertiefte Due Diligence rechtfertigen. In vielen Fällen können die negativen Auswirkungen von Sekundärrohstoffen unerkannt bleiben, und die Unternehmen müssen ihre Due Diligence anpassen, um diese unerkannten Punkte zu ermitteln und zu überlegen, wie sie sie behandeln können (siehe Antwort auf Frage 2.2 über die Arten von Informationsquellen und Instrumenten, die die Unternehmen nutzen können, um eine ausführliche Bewertung der Umweltrisiken und -auswirkungen von priorisierten Lieferanten durchzuführen).

2.5 Welche Instrumente und Ressourcen stehen den Unternehmen bei der Ermittlung und Bewertung der Klimaauswirkungen zur Verfügung, um die THG-Hotspots in der Rohstofflieferkette zu bewerten?

Die risikobasierte Ermittlung und Bewertung von Emissionen ist der erste und wichtigste Schritt zur Festlegung von Emissionsreduktionszielen und zur Verringerung von THG-Emissionen. Im Greenhouse Gas Protocol (GHG Protocol) werden die Emissionen eines Unternehmens in drei Scopes eingeteilt:

- „Scope 1" – direkte THG-Emissionen, die aus Quellen stammen, die sich im Besitz oder unter der Kontrolle des berichtenden Unternehmens befinden, wie z. B. Emissionen aus den Produktions- und Transportanlagen, die sich im Besitz des Unternehmens befinden;
- „Scope 2" – indirekte THG-Emissionen im Zusammenhang mit der Erzeugung von Elektrizität, Wärme oder Dampf, die vom berichtenden Unternehmen gekauft werden;
- „Scope 3" – alle anderen indirekten Emissionen (z. B. im Zusammenhang mit der Produktion von beschaffenen Materialien, Brennstoffen und Dienstleistungen, einschließlich des Transports in

Fahrzeugen, die sich nicht im Besitz oder unter der Kontrolle des berichtenden Unternehmens befinden, sowie ausgelagerte Tätigkeiten).

Unternehmen sollten ihre Scope-1-, Scope-2- und – soweit auf der Grundlage der besten verfügbaren Informationen möglich – Scope-3-THG-Emissionen bewerten, um zu ermitteln, wo ihre schwerwiegendsten und wahrscheinlichsten Auswirkungen liegen. Vorgelagerte Unternehmensemissionen fallen in erster Linie unter Scope 3, und in vielen Fällen ist die Zerkleinerung von Erzen sowie die chemische Aufbereitung in mineralischen Rohstofflieferketten (d. h. Raffination und Verhüttung) ein Hotspot für THG-Emissionen, da hier Energie und Chemikalien eingesetzt werden. Es ist wichtig, die Emissionen auf der Grundlage der neuesten wissenschaftlichen Erkenntnisse zu bewerten, da verschiedene nationale oder branchenspezifische Übergangspfade entwickelt und aktualisiert werden. Es ist von entscheidender Bedeutung, Informationen über Emissionen von vorgelagerten Lieferanten einzuholen, damit diese in die Scope-3-Bewertung integriert werden können.

Nützliche Rahmenwerke für die THG-Bilanzierung von Unternehmen sind das GHG Protocol, Responsible Steel GHG Standard und die EU Environmental Footprint Method. Weitere nützliche Rahmenwerke zur Ermittlung des Kohlenstoff-Fußabdrucks von Produkten (und nicht eines Unternehmens) sind das Regelwerk für das Battery Passport GHG Rulebook der Global Battery Alliance (in Vorbereitung), die Carbon Footprint Guidance for Zinc Production der International Zinc Association, die RE100 Technical Criteria, GHG Protocol Scope 2 Guidance sowie ISO 14040, 14044, und 14067.

2.6 Wie ist die Verbindung von ASM zu tatsächlichen oder potenziellen negativen Umweltauswirkungen zu bewerten?

Bei der Beschaffung aus ASM können die folgenden Fragen nützliche Grundlagen für Umweltrisikobewertungen zu priorisierten Umweltthemen bilden. Um die folgenden Fragen zu beantworten, sollte ein Unternehmen mit anderen Stakeholdern zusammenarbeiten, die ebenfalls direkt oder indirekt aus der Region beziehen. Wie bereits zu Beginn dieses Kapitels erwähnt, hängt die Relevanz dieser Fragen von der Position des Unternehmens in der Lieferkette und seiner Einbindung in das betreffende Risiko ab. Siehe auch Abbildung 1.

Allgemeines Risikoprofil:

- Was ist ASM-Bergbau? Wie funktioniert die Produktion? Ist ein Teil des Prozesses mechanisiert?
- Wie risikobewusst sind die Eigentümer, Führungskräfte und Arbeitnehmer*innen? Wie und wie gut kontrollieren die Bergleute bereits das Risiko? Welche Anreize gibt es bereits für sie, Risiken zu managen und zu minimieren? Welche Hindernisse gibt es bei der Risikokontrolle (allgemein und speziell bei Umweltrisiken)? Was müsste sich ändern, um dies zu verbessern?
- Ist die Organisation Teil eines Programms zur nachhaltigen Entwicklung, eines Regierungs- oder Gemeindeprogramms zur Bewältigung von Umwelt- oder Menschenrechtsproblemen oder wird sie von lokalen Hilfsorganisationen unterstützt?
- Was würde mit den Bergleuten und ihren Familien passieren, wenn sie nicht mehr arbeiten oder ihre Produkte nicht mehr in offiziellen Lieferketten verkaufen können? Was könnten/würden sie sonst tun und welche Auswirkungen hätten diese Aktivitäten?

Umweltauswirkungen:

- Wo findet der Bergbau statt? Wie hoch ist die ökologische Empfindlichkeit dieses Ortes? Wie ist der Schutzstatus?
- Wie erfolgen der Abbau und die Aufbereitung und wie wird der Abfall entsorgt? Werden Sprengstoffe, Brennstoffe und Chemikalien eingesetzt?

- Gibt es ein Sicherheitsdatenblatt für das Material?[27] Ist das Sicherheitsdatenblatt auf dem neuesten Stand (nicht älter als 5 Jahre)?
- Wo und wie leben die Bergleute, während sie ihre Bergbautätigkeit ausüben? Werden die Auswirkungen der Unterkunft, des Lebensunterhalts, des Transports zwischen Wohnung und Grube, die Abhängigkeit der Bergleute von Wild- oder Buschfleisch für Eiweiß, die Holzgewinnung für Zimmerung und Werkzeuge usw. berücksichtigt?
- Wie regt die Anwesenheit der Bergleute andere dazu an, sich in einer Weise zu verhalten, die sich auf das Ökosystem auswirkt? Gibt es wirtschaftliche Anreize durch die Sensibilisierung für oder den Zugang zu zuvor abgelegenen Orten, und nutzen z. B. Landwirte, Jäger, Holzfäller Wanderwege, um in die Wildnis vorzudringen und die natürlichen Ressourcen zu nutzen usw.?
- Wie wird das Material zu den Kunden transportiert? Gibt es Organismen oder Umgebungen (Rezeptoren), die durch das Material oder seinen Transport negativ beeinflusst werden könnten?

Wenn die Umweltauswirkungen kumulativer Natur sind:

- Besteht ein Bioakkumulationsrisiko[28] oder eine chronische Toxizität [29], die auf dem Sicherheitsdatenblatt des Materials angegeben sind?
- Wie viele andere ASM-Organisationen sind in dem Gebiet tätig?
- Wie hoch ist die Gesamtpopulation der ASM-Bergleute in dem Gebiet?
- Ist es möglich, im Laufe der Zeit festzustellen, welche Kapazitäten Ihr Lieferant hat, um die Erwartungen an die Due Diligence zu erfüllen (z. B. bezüglich organisatorischer Kompetenz, Umweltbewusstseins, Art der negativen Auswirkungen und Qualität des Risikomanagements)?
- Welche anderen wirtschaftlichen Aktivitäten gibt es, die die direkten und indirekten Auswirkungen Ihres Lieferanten erweitern, vertiefen oder verstärken können?
- Welche Beziehungen bestehen zwischen Ihrem Lieferanten und diesen anderen Akteuren, die dazu bewegt werden könnten, einen das Risikomanagement auf Landschaftsebene zu organisieren?[30] Welche Beziehungen bestehen zwischen Ihnen und anderen Stakeholdern, um kollektive Einflussmöglichkeiten zu erkunden, um Probleme auf Landschaftsebene zu bewältigen?

Stilllegung von Bergwerken und Nachbergbauphase: [31]

- Welche gesetzlichen Anforderungen gibt es und inwieweit werden diese durchgesetzt?
- Welcher Plan besteht – wenn überhaupt – zur Vermeidung von Landschäden infolge von ASM nach der Stilllegung? Welcher Ansatz wird oder soll verfolgt werden, um durch ASM geschädigtes Land wiedergutzumachen oder wiederherzustellen? Wer trägt die Verantwortung dafür und wie realistisch ist es, dass die Stilllegung überhaupt und gut durchgeführt wird? Ist dieser Ansatz wirtschaftlich erschwinglich, sozial verträglich und umweltbezogen tragfähig?
- Wer trägt die Verantwortung für die aktive Stilllegung von Bergwerken und für die Überwachung und Instandhaltung nach der Stilllegung? Wie werden Bergleute, Landeigentümer, Gemeinden und lokale Behörden in die Stilllegungs- und Nachbergbauphase einbezogen?
- Welcher Zweck ist für die stillgelegten Flächen vorgesehen (z. B. Forstwirtschaft, Landwirtschaft, Naturwald usw.)? Wie wird dabei die wirtschaftliche, soziale und umweltbezogene Nachhaltigkeit berücksichtigt, einschließlich des Beitrags zum Gedeihen der Natur, entweder direkt oder indirekt?

Schritt 3: Negative Auswirkungen beseitigen, vermeiden und mindern

Was sagt der RBC-Leitfaden?

- Aktivitäten stoppen (beenden), die negative Auswirkungen auf RBC-Belange verursachen oder dazu beitragen.
- Zweckdienliche Pläne entwickeln und umsetzen, um potenzielle (zukünftige) negative Auswirkungen zu vermeiden und zu mindern.
- Zu angemessenen Reaktionen auf Risiken im Zusammenhang mit Geschäftsbeziehungen zählen mitunter
    - Aufbau und Einsatz von Einflussmöglichkeiten, soweit dies möglich ist, um die Geschäftsbeziehung(en) zu veranlassen, negative Auswirkungen oder Risiken zu vermeiden und zu mindern;
    - das Fortsetzen der Geschäftsbeziehung, während die Bemühungen zur Risikominderung im Gang sind;
    - temporäres Aussetzen der Geschäftsbeziehung während der Bemühungen zur Risikominderung;
    - oder Abbruch der Geschäftsbeziehung, wenn alle Versuche der Risikominderung gescheitert sind, das Unternehmen eine Minderung für nicht machbar erachtet oder die negativen Auswirkungen schwerwiegend sind. Bei der Entscheidung zum **Abbruch der Beziehung** sollten potenzielle soziale und wirtschaftliche negative Auswirkungen bedacht werden. Die entwickelten Pläne sollten die vom Unternehmen geplanten Maßnahmen sowie seine Erwartungen an seine Lieferanten, Käufer und anderen Geschäftspartner detailliert beschreiben.[32]

Welche zusätzlichen mineralstoffspezifischen Empfehlungen enthält der Minerale-Leitfaden?

- VORGELAGERTE UNTERNEHMEN: Ermitteln und feststellen, welche Lieferanten auf Informationsanfragen reagieren und welche nicht. Bei Lieferanten nachhaken und Pläne für Korrekturmaßnahmen aufstellen. Bei unkooperativen Lieferanten bis zur Geschäftsleitung eskalieren.
- NACHGELAGERTE UNTERNEHMEN: Wenn der Umwandlungspunkt des Minerals nicht identifiziert werden kann, einen Risikomanagementplan beschließen, um signifikante, messbare Verbesserungen diesbezüglicher Bemühungen nachweisen zu können. Wenn der Umwandlungspunkt identifiziert werden kann, mit den Lieferanten zusammenarbeiten, um messbare Maßnahmen zur Risikominderung zu entwickeln, die eine schrittweise Leistungsverbesserung innerhalb eines angemessenen Zeitrahmens fördern können.

Schlüsselfragen zur Einbeziehung von Überlegungen zum Umweltrisiko in diesen Schritt:

- 3.1 Wie kann ein Unternehmen seine Verwicklung in die festgestellten Umweltrisiken und negativen Auswirkungen in der Lieferkette bewerten?
- 3.2 Welche Maßnahmen können Unternehmen ergreifen, um festgestellte Schäden in der Lieferkette zu beseitigen? Wie können Unternehmen ihren Einfluss ausüben?
- 3.3 Welche Arten von Vermeidungs- und Minderungsmaßnahmen können Unternehmen vernünftigerweise von Lieferanten erwarten, die erhebliche Umweltauswirkungen verursachen oder zu ihnen beitragen?

3.1 Wie kann ein Unternehmen seine Verwicklung in die festgestellten Umweltrisiken und negativen Auswirkungen in der Lieferkette bewerten?

Die Verbindung oder die Beziehung eines Unternehmens zu den Auswirkungen in der Lieferkette ist wichtig, weil dadurch festgelegt wird, wer die Hauptverantwortung für die Bewältigung der Auswirkungen trägt und wie das Unternehmen darauf reagieren soll (siehe Abbildung 4). Die Beziehung eines Unternehmens zu negativen Auswirkungen ist nicht statisch: Sie kann sich verändern, z. B. wenn sich die Situation entwickelt und je nachdem, inwieweit Due Diligence und die zur Bewältigung der festgestellten Risiken und Auswirkungen unternommenen Schritte das Risiko des Auftretens der Auswirkungen verringern. Siehe Diskussion beim Schritt 3 unten.

Abbildung 4. Umgang mit negativen Auswirkungen

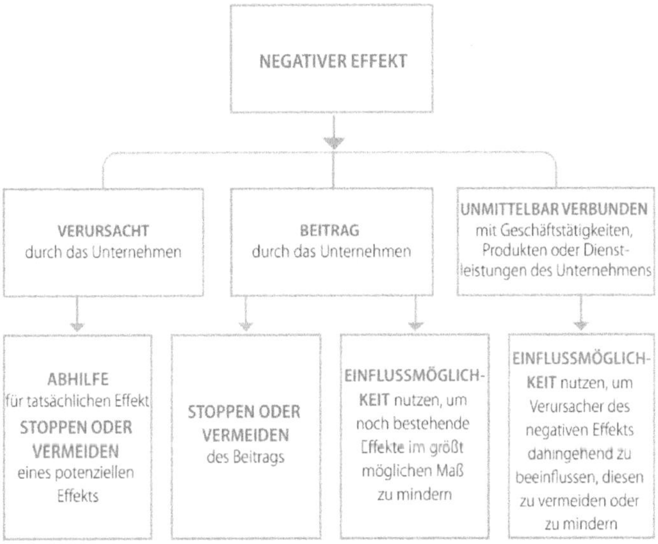

Anmerkung: Genauere Leitlinien zum Beheben negativer Effekte auf Menschenrechte werden in OECD (2011), Kapitel IV aufgelistet.

Quelle: OECD (2018[15]), *OECD Due Diligence Guidance for Responsible Business Conduct*, https://mneguidelines.oecd.org/OECD-Due-Diligence-Guidance-for-Responsible-Business-Conduct.pdf.

Ein Unternehmen „*verursacht*" eine negative Umweltauswirkung, wenn seine Tätigkeiten allein ausreichen, um die negative Auswirkung zu verursachen. Ein Unternehmen „*trägt bei*" *zu* einer negativen Umweltauswirkung, wenn seine Tätigkeiten in Verbindung mit den Tätigkeiten anderer Unternehmen die Auswirkung verursachen, oder wenn die Tätigkeiten des Unternehmens ein anderes Unternehmen dazu veranlassen, ermuntern oder anregen, eine negative Auswirkung zu verursachen. Negative Umweltauswirkungen können auch durch eine Geschäftsbeziehung *unmittelbar* mit den Geschäftstätigkeiten, Produkten oder Dienstleistungen eines Unternehmens *verbunden* sein, selbst wenn sie nicht zu diesen Auswirkungen beitragen.

3.2 Welche Maßnahmen können Unternehmen ergreifen, um festgestellte Schäden in der Lieferkette zu beseitigen? Wie können Unternehmen ihren Einfluss ausüben?

Der Ansatz der risikobasierten Sorgfaltspflichten ist auch für die Umsetzung von Schritt 3 unerlässlich. Da es den Unternehmen oft nicht möglich sein wird, alle festgestellten und mit ihren Lieferanten verbundenen Risiken und negativen Auswirkungen gleichzeitig zu identifizieren oder darauf zu reagieren, können die Unternehmen bestimmte Risiken und Auswirkungen für Maßnahmen auf der Grundlage von Schwere[33] und Wahrscheinlichkeit priorisieren. Sobald die priorisierten Auswirkungen behoben wurden, können sie sich mit weniger schwerwiegenden Auswirkungen befassen. Dieselben Grundsätze gelten auch für die Art und Weise, wie ihre Lieferanten ihrerseits die Prioritäten für die zu ergreifenden Maßnahmen setzen sollten.

Wie in Schritt 2 erwähnt, bestimmt die Beziehung des Unternehmens zu einem festgestellten Risiko oder einer Auswirkung die Verantwortung, die es für die Beseitigung der Auswirkung trägt. Stellt ein Unternehmen beispielsweise fest, dass es Umweltrisiken oder -auswirkungen verursacht oder zu ihnen beiträgt (oder zu ihnen beitragen kann), so trägt es eine erhöhte Verantwortung, u. a. für die Einstellung der schadensverursachenden Tätigkeit und für die Wiedergutmachung gemäß Schritt 6 (siehe Abbildung 4). Außerdem wird von ihm erwartet, dass es Präventions- und Schadensbegrenzungsmaßnahmen ergreift, *unter anderem durch die Nutzung und den Aufbau von Einflussmöglichkeiten* auf andere Unternehmen, die Schäden verursachen. Wenn Unternehmen feststellen, dass sie direkt mit einer Auswirkung in Verbindung stehen, wird von ihnen erwartet, dass sie versuchen, diese Auswirkung zu vermeiden und zu mindern, u. a. *durch die Nutzung und den Aufbau von Einflussmöglichkeiten* (siehe auch „Was sagt der RBC-Leitfaden“, oben).

Der Begriff „Einflussmöglichkeiten auf Lieferanten“ ist breit gefasst und umfasst die Schaffung von Anreizen, die Unterstützung und die anderweitige Änderung des Verhaltens einer Geschäftsbeziehung (oder eines anderen Unternehmens, das Schaden verursacht). Wie ein Unternehmen eine einzelne Geschäftsbeziehung unterstützt, Anreize schafft oder sie anderweitig beeinflusst, hängt vom Kontext ab – einschließlich der Art der Beziehung, dem Grad der Einflussmöglichkeiten, der Art des Risikos oder der Auswirkung und der Fähigkeit des Lieferanten, die Auswirkung zu vermeiden, zu mindern oder wiedergutzumachen.

Unternehmen können in Erwägung ziehen, ihre Einkaufspraktiken und Geschäftsmodelle anzupassen oder auf verschiedene Weise ihre Lieferanten zu beeinflussen, zum Beispiel durch:

- **Einsatz von Unternehmensstrategien oder Verhaltenskodizes, Verträgen, schriftlichen Vereinbarungen oder Marktmacht.** Einbindung von Erwartungen in Bezug auf RBC und Versorgungspflichten in Geschäftsverträge und Verknüpfung von geschäftlichen Anreizen – wie die Verpflichtung zu langfristigen Verträgen und zukünftigen Aufträgen – mit der Leistung in Bezug auf RBC. Eindeutige Kommunikation der Konsequenzen, wenn die Erwartungen in Bezug auf RBC nicht erfüllt werden (z. B. durch ein Treffen mit dem Management des Geschäftspartners).
- **Unterstützung von oder Zusammenarbeit mit Lieferanten bei der Entwicklung zweckmäßiger Pläne** zur Vermeidung oder Minderung negativer Umweltauswirkungen (z. B. Pläne für den Übergang zu Netto-Null-Emissionen). In Fällen, in denen Lieferanten Anleitung, Kapazitätsaufbau oder Unterstützung benötigen, um Risiken zu managen, Auswirkungen zu vermeiden und Hindernisse oder Herausforderungen zu bewältigen, können Unternehmen Lieferanten bei der Überprüfung der vorhandenen Umweltrisikokontrollen, der Ermittlung von Lücken und der Einführung eines Plans für Abhilfemaßnahmen unterstützen. Die Lieferanten benötigen möglicherweise auch Unterstützung und Anleitung, wie sie feststellen können, ob ein Schaden eingetreten ist oder unmittelbar bevorsteht.
- **Unterstützung der Lieferanten bei der Vermeidung oder Minderung negativer Auswirkungen oder Risiken** z. B. durch Schulung, Modernisierung von Anlagen oder die Stärkung ihrer Managementsysteme: Bei der Beschaffung von ASM können Unternehmen mit der ASM-Kooperative oder einer spezialisierten NGO, die ASM-Kooperationen fördert, mit Gemeindevertretern, lokalen Behörden oder Multi-Stakeholder-ASM-Initiativen

zusammenarbeiten, um das ASM-Unternehmen dabei zu unterstützen, seine Pläne zur Mängelbehebung im Umweltbereich zu verbessern. Der Code zur Risikominderung für den artisanalen und Kleinbergbau im formellen Handel (**C**ode of **R**isk-mitigation for **a**rtisanal and small-scale mining engaging in **F**ormal **T**rade – CRAFT Code) ist eine hilfreiche Ressource für die Formalisierung von ASM. Er stellt ein offenes Instrument für den ASM und die Unternehmen dar, die ihre Beschaffung potenziell aus dem Sektor beziehen, der progressive Anforderungen für den ASM festlegt. Die Angemessenheit der Vermeidungs- und Minderungsmaßnahmen kann durch die Zusammenarbeit mit den lokalen Stakeholdern gewährleistet werden. Um langfristig eine systematischere Vermeidung und Minderung der Umweltauswirkungen zu unterstützen, können Unternehmen in der Lieferkette eine wichtige Rolle bei der Förderung lokaler Umwelt-NGOs und zivilgesellschaftlicher Organisationen spielen, die mit der Regierung und der Wirtschaft sowie den lokalen Durchsetzungsbehörden zusammenarbeiten.

- **Umgestaltung von Produkten, um die Substitution von Materialien oder die Verwendung von Sekundärmaterialien zu ermöglichen.** Einige Minerale sind innerhalb eines Produkts austauschbar. Nachgelagerte Unternehmen möchten gegebenenfalls Entscheidungen über die Produktgestaltung auf der Grundlage der relativen Umweltverträglichkeit der in Frage kommenden Materialien treffen, z. B. durch Berücksichtigung des relativen Kohlenstoff-Fußabdrucks, des Wasser-Fußabdrucks, der Abhängigkeit des Bergbaus in Wäldern oder empfindlichen Ökosystemen, der Toxizität von Abfällen und der Effizienz der Produktion. Eine vollständige Ökobilanz (von der Wiege bis zur Bahre) kann Unternehmen bei Entscheidungen über die Substitution von Materialien helfen, die einen Einfluss auf die Umweltverträglichkeit des Produkts in der Gebrauchs- und Entsorgungsphase haben können.
- **Lieferketten und öffentlich-private Partnerschaften** sind eine Möglichkeit, wie große und kleine Unternehmen zusammenarbeiten können, um einen Einfluss auszuüben, Ressourcen zu bündeln und eine effizientere Due Diligence durchzuführen, insbesondere wenn sie dies sichtbar und mit dem Ziel tun, die Branche anzuführen. Das niederländische Metallabkommen (International RBC Agreement for the Metals Sector) beispielsweise nutzt individuelle Risikobewertungen von Unternehmen bei der Erstellung einer kollektiven Heatmap, die die Risiken der Branche aufzeigt (SER, n.d.[28]). Die individuellen Risikobewertungen der Unternehmen werden dem Sekretariat des Abkommens vorgelegt, das die Informationen aggregiert und anonymisiert und die Heatmap erstellt.
- **Andere Arten von Multi-Stakeholder-, branchengeführten und staatlichen Initiativen** können dazu beitragen, die Zusammenarbeit zwischen verschiedenen Branchenakteuren und ihren Stakeholdern zu verbessern, auch durch gemeinsame Erklärungen, um das Bewusstsein für bestimmte Umweltbelange zu schärfen. Eine kollektive Stimme ist bei der gemeinsamen Erarbeitung von Lösungen hilfreich, die eine Due Diligence im Umweltbereich praktikabler, effektiver und damit wahrscheinlicher machen. Es gibt auch viele Brancheninitiativen, die darauf abzielen, globale Programme zur Bewertung, Prüfung und Verbesserung der Nachhaltigkeitspraktiken innerhalb der Lieferketten der Branche zu entwickeln.

Die Fähigkeit der Unternehmen, Einfluss auf die Lieferanten auszuüben, und die Fähigkeit der Lieferanten, wiederum Einfluss auf ihre Unterlieferanten zu nehmen, kann sehr unterschiedlich sein. Wenn es einem Unternehmen an Einflussmöglichkeiten mangelt, wird von ihm erwartet, dass es diese erheblich verstärkt, z. B. durch die Änderung kommerzieller Anreize, die Zusammenarbeit mit Branchen-Peers, den Aufbau längerfristiger Beziehungen zu Lieferanten oder die Teilnahme an kooperativen Multi-Stakeholder-, Branchen- oder Regierungs-Initiativen.

Bei der Beschaffung von großen Raffinerien, Metallhütten, Recyclern oder Bergbauunternehmen sollten nachgelagerte Unternehmen und Kontrollstellen wie Metallhütten oder Raffinerien ein besonderes Augenmerk auf die Kapazitäten, die Einflussmöglichkeiten und die Ressourcen legen, über die der Lieferant verfügt, um Korrekturmaßnahmen zu ergreifen und ihren Einfluss auf den Markt entsprechend zu nutzen. Wenn der Einkäufer beispielsweise weiß, ob der Lieferant an Branchen- oder Multi-Stakeholder-

Initiativen teilnimmt oder von diesen bewertet wird, kann er sich daran orientieren, welchen Einfluss er ausüben kann (Verlust des Marktzugangs durch den Mitgliedsstatus) und welche anderen Ressourcen oder Unterstützung durch den Verband verfügbar sind (Dienstleistungen für Mitglieder). Viele Initiativen legen nicht nur Standards für Unternehmen fest, sondern bieten auch Instrumente, Schulungen oder Peer-to-Peer-Lernmöglichkeiten für Mitglieder und Lieferanten zu bestimmten Herausforderungen an.

Kasten 6. Verstehen und Befolgen einer wachsenden Zahl von Rechtsvorschriften, die die Rechte Gesetze der Natur unterstützen

Ökosystemleistungen [34] sind in der Regel stärker gesetzlich geschützt als die intrinsischen Werte der Natur, die von der menschlichen Nutzung unabhängig sind. Die Rechtsprechung schützt den Wert der Natur jedoch zunehmend durch über „Rechte der Natur" (UN, 2022[29]) und eine wachsende Zahl von nationalen und subnationalen Regierungen und deren Gerichte haben in den letzten Jahren die Natur als eine juristische Person anerkannt.

Wenn ein Lieferant aus einem Zuständigkeitsbereich bezieht, das die Rechte der Natur anerkennt, arbeiten Sie mit dem Lieferanten zusammen, um zu ermitteln, welche zusätzlichen Risikomanagementprozesse er anwenden musste, um seine diesbezüglichen Verantwortlichkeiten zu erfüllen. Wenn ein Lieferant nicht aus einem Zuständigkeitsbereich bezieht, das Rechte an der Natur gewährt hat, stellen Sie fest, ob es mit der Politik Ihres Unternehmens vereinbar ist, den Lieferanten zu ermutigen, Maßnahmen zu ergreifen, die über die Feststellung hinausgehen, dass sich Umweltschäden als Schäden für den Menschen, aber auch für die Natur manifestieren können.

3.3 Welche Arten von Vermeidungs- und Minderungsmaßnahmen können Unternehmen vernünftigerweise von Lieferanten erwarten, die erhebliche Umweltauswirkungen verursachen oder zu ihnen beitragen?

Welche Vermeidungs- und Minderungsmaßnahmen in einer bestimmten Situation angemessen und verhältnismäßig sind, hängt von einer Reihe von Faktoren ab, u. a. von der Art, der Schwere und der Wahrscheinlichkeit des betreffenden Umweltproblems, die Verwicklung des Lieferanten in die Auswirkung und, falls er zu einer Auswirkung beiträgt, dem Grad seiner Einflussmöglichkeit auf andere Lieferanten oder Unternehmen, die Schäden verursachen. Tabelle 6 enthält Beispiele für mögliche Vermeidungs- und Minderungsmaßnahmen, die Lieferanten ergreifen können, wenn sie erhebliche Umweltauswirkungen verursacht oder dazu beigetragen haben.

Tabelle 6. Beispiele für mögliche Vermeidungs- und Minderungsnahmen von Lieferanten für Umweltrisiken

Environmental issue	Possible corresponding prevention and mitigation actions
Biodiversitätsverlust (z. B. Entwaldung, Zerstörung von Korallenriffen, Artenverlust) und Schädigung von Schutzgebieten	Im Einklang mit dem Übereinkommen über die biologische Vielfalt [Convention on Biological Diversity] (UN, 1992[30]), können die Lieferanten zur Erhaltung der Biodiversität, zur nachhaltigen Nutzung ihrer Bestandteile und zur fairen und gerechten Aufteilung der sich aus der Nutzung der natürlichen Ressourcen ergebenden Vorteile beitragen. Im Einklang mit den Zielen der UN-SDGs, insbesondere 15.2, dem UN-Strategieplan für Wälder 2017–2030 und der Erklärung der Staats- und Regierungschefs von Glasgow über Wälder und Landnutzung 2021, die darauf abzielen, den Verlust von Wäldern und die Bodendegradation bis 2030 aufzuhalten und umzukehren, können die Lieferanten auch die Degradation der Land-, Meeres- und Süßwasserqualität, einschließlich der Entwaldung vermeiden und beseitigen.

Environmental issue	Possible corresponding prevention and mitigation actions
	Die Lieferanten sollten negative Auswirkungen auf die Biodiversität in Nationalparks, Reservaten und anderen Schutzgebieten, einschließlich UNESCO-Welterbestätten und Gebieten, die im Rahmen des Übereinkommens über die Biodiversität geschützt sind, sowie auf geschützte Arten vermeiden und mindern. Dies kann bedeuten, dass in den genannten Gebieten keine weiteren Explorations-, Bergbau-, Verhüttungs-, Raffinerie- oder Recyclingtätigkeiten durchgeführt werden und dass bestehende Explorations-, Bergbau-, Verhüttungs-, Raffinerie- oder Recyclingtätigkeiten auf Grund der Umweltverträglichkeit eingestellt werden. **Vermeidungsmaßnahmen** • Die Lieferanten können sicherstellen, dass die ESIA und der ESMP nach internationalen Standards durchgeführt werden. • Gegebenenfalls können die Lieferanten einen detaillierten Aktionsplan für den Schutz der Biodiversität erstellen, der in die Managementpläne integriert wird. • Die Lieferanten können sich auf die IFC-Leitlinien für PS6 (IFC, 2012[31]) beziehen, um Folgendes sicherzustellen: o Es gibt in der Region keine anderen praktikablen Alternativen für die Entwicklung des Projekts in veränderten oder natürlichen Habitaten, die nicht kritisch sind. o Das Projekt oder die Bergbautätigkeiten führen nicht zu messbaren negativen Auswirkungen auf die Werte der Biodiversität, für die das kritische Habitat bestimmt wurde, sowie auf die umweltbezogenen Prozesse, die diese Werte der Biodiversität unterstützen. o Das Projekt führt nicht zu einer Nettoverringerung der globalen und/oder nationalen/regionalen Population einer kritisch bedrohten oder gefährdeten Art über einen angemessenen Zeitraum. o Ein solides, angemessen konzipiertes und langfristiges Programm zur Überwachung und Bewertung der Biodiversität ist in das Managementprogramm des Lieferanten integriert. o Wenn diese Anforderungen erfüllt sind, wird die Minderungsstrategie des Projekts in einem Aktionsplan für die Biodiversität beschrieben, der in die Managementpläne integriert ist, und ist so konzipiert, dass Nettogewinne derjenigen Werte der Biodiversität erzielt werden, für die das kritische Habitat bestimmt wurde. • Lieferanten und nachgelagerte Unternehmen können Erdbeobachtungsinstrumente zur Überwachung von Landnutzungsänderungen einsetzen. • Im Zusammenhang mit dem Tiefseebergbau können die Lieferanten Folgendes überlegen. o Verpflichtung, keine Exploration, keinen Abbau und keine Investitionen in den Abbau von Tiefseevorkommen vorzunehmen, bei denen irreversible Schäden auftreten werden. o Durchführung wissenschaftlicher Studien, um zu bestätigen, dass die Auswirkungen durch realistische Maßnahmen gemindert werden können und reversibel sind. o Einholung einer unabhängigen Bestätigung, dass die Führung und Überwachung von Tiefseebergbauaktivitäten der internationalen guten Praxis entsprechen. **Minderungsmaßnahmen** • Sofortige Einstellung illegaler Aktivitäten. • Wiedergutmachung und Wiederherstellung der betroffenen Gebiete. • Überwachung, Quantifizierung und Offenlegung der Managementergebnisse. • Bemühungen zur Vermeidung oder Minderung negativer Auswirkungen auf die Biodiversität sollten sich an der Minderungshierarchie der Biodiversität orientieren, die empfiehlt, zunächst zu versuchen, Schäden an der Biodiversität zu vermeiden, sie zu reduzieren oder zu minimieren, wenn eine Vermeidung nicht möglich ist, und als letztes Mittel für negative Auswirkungen, die nicht vermieden werden können, Kompensationen und Wiederherstellung zu verwenden. Unternehmen können Kompensationsmaßnahmen für die Biodiversität planen und umsetzen, um verbleibende Auswirkungen, die nicht vermieden werden können, auszugleichen und keinen Netto-Verlust an Biodiversität und Ökosystemleistungen (einschließlich Kohlenstoffspeicherung) zu verursachen (OECD, 2016[32]). • Erwägen Sie die Anwendung der Forest-Smart Artisanal and Small-Scale Mining Bolt-on Standard und die Guidelines for sourcing from ASM in forest landscapes der Weltbank (World Bank, 2019[33]; World Bank, 2021[34]) und der Forest Smart Mining Guidance to applying nature-based solutions in the large-scale mining sector der Weltbank (World Bank, 2022[35]).
Klimawandel (z. B. THG-Emissionen, mangelnde Anpassung an die physikalischen Risiken des Klimawandels)	Lieferanten sollten der Beseitigung oder Reduzierung von Emissionsquellen Vorrang vor Ausgleichs-, Kompensations- oder Neutralisierungsmaßnahmen einräumen. **Vermeidungsmaßnahmen** • Unverzügliche Einstellung der Ausweitung neuer Aktivitäten in Kohlenstoffsenken[1] wie Wäldern mit hohem Kohlenstoffbestand oder Torfgebieten. • Aufstellung und Umsetzung eines Dekarbonisierungsplans im Einklang mit international vereinbarten globalen Temperaturzielen und bewährten Praktiken sowie Annahme, Umsetzung, Überwachung und Berichterstattung über kurz-, mittel- und langfristige Minderungsziele, um Glaubwürdigkeit zu gewährleisten und Greenwashing zu vermeiden.

Environmental issue	Possible corresponding prevention and mitigation actions
	• Aufstellung und Umsetzung eines Plans zur Anpassung an den Klimawandel, um die negativen Auswirkungen ihrer Tätigkeiten im Zusammenhang mit den aktuellen und zukünftigen Auswirkungen des Klimawandels zu begrenzen. **Minderungsmaßnahmen** • Emissionsgutschriften oder Kompensationen können als letztes Mittel zur Bekämpfung unverminderter Emissionen in Betracht gezogen werden. Emissionsgutschriften oder Kompensationen sollten von hoher umweltbezogener Integrität sein und nicht von der Notwendigkeit ablenken, die Emissionen zu reduzieren, und sollten nicht dazu beitragen, auf die proaktive Kontrolle von treibhausgasintensiven Prozessen und Infrastrukturen zu verzichten.
Unsachgemäße Verwendung und Entsorgung von Gefahrstoffen	Die Substitution bestimmter Chemikalien und Materialien, die in der Lieferkette verwendet werden, kann zu einer Verbesserung der Umweltleistung führen. Man kann Substitute oder Alternativen wählen, abhängig von den vergleichbaren Umweltrisiken, einschließlich der Auswirkungen auf das Klima und die Kreislaufwirtschaft, von der Ökobilanz und von Überlegungen bezüglich der Stakeholder. **Vermeidungsmaßnahmen** • Bei Goldaufbereitung darf Cyanid nur verwendet werden, wenn der Betreiber nach dem Internationalen Cyanid-Management-Code zertifiziert ist (The Cyanide Code, n.d.[36]). **Minderungsmaßnahmen** • Goldminen können durch Rückgewinnung und Wiederverwendung von Quecksilber Fortschritte im Management erzielen und schließlich die Verwendung von Quecksilber abschaffen; • Goldminen können sich auch an einem nationalen oder lokalen Programm zur Umsetzung des Minamata-Übereinkommens (UN, 2013[37]) (in the case of ASM) und Maßnahmen zur Verringerung der Quecksilberemissionen im Einklang mit der US EPA Mercury Rule (US EPA, n.d.[38]) treffen (beim Bergbau in großem Maßstab).
Lärm und Vibrationen	Lärm und Vibrationen können vermieden oder gemindert werden durch: • Aufstellung von Lärm- und Vibrationsmanagementplänen; • Bau von Lärmschutzsystemen; • verbesserte Planung und Gestaltung von Sprengarbeiten; • Lärmisolierung von Geräten und Anlagen; • die Überwachung von Lärmemissionen als Voraussetzung für ein systematisches Management (EC Joint Research Center, 2021[39]).
Physikalische und chemische Instabilität	Die Gewährleistung der physikalischen und chemischen Stabilität aller Bergbauabfallanlagen ist das wichtigste langfristige Ziel der Abfallentsorgung im Bergbau, um die Sicherheit der Arbeitnehmer*innen und der Öffentlichkeit zu gewährleisten und das Auslaugen von Schadstoffen in die Umwelt langfristig zu unterbinden (IGF, 2021[40]). Die physikalische Stabilität von Bergwerken kann wie folgt erreicht werden: • für den Versatz von Hohlräumen stabilisiertes Material verwenden; • das systematische Management muss die Überwachung der physikalischen und chemischen Stabilität gewährleisten (EC Joint Research Center, 2021[39]).
Kontamination (Luft, Wasser, Boden)	Zu den Aktivitäten zur Vermeidung und Minderung der Umweltverschmutzung gehören: • Änderung der Anlagenkonzepte, um Umweltverschmutzung (im Betrieb) zu beenden und so der Notwendigkeit einer Sanierung im Überwachungszeitraum nach der Stilllegung vorzubeugen; • Reduzierung der Emissionen an der Quelle (soweit dies aufgrund technischer Beschränkungen möglich ist); • Umsetzung von Maßnahmen zur Begrenzung von Emissionen im Zusammenhang mit der sekundären Aufbereitung; • Hinwirken auf die Umsetzung geeigneter Gesundheits- und Sicherheitsmaßnahmen; • Umsetzung von Maßnahmen zur Erfassung und Behandlung von Emissionen, die nicht vermieden werden können.
Bodenerosion und Bodendegradation	Bodenerosion und Bodendegradation können durch folgende Maßnahmen verhindert oder verringert werden: • Erstellung von Plänen zur Erosions- und Sedimentkontrolle; • Bodenmanagement; • Maßnahmen zur Erhaltung des Bodens (EC Joint Research Center, 2021[39]). • Abflussmanagement mit Kontrollzäunen und Sedimentationsbecken (IGF, 2021[40]).
Zerstörung des kulturellen Erbes und Beeinträchtigung der Ästhetik	Zu den Maßnahmen zur Vermeidung und Minderung von Schäden an Kulturerbestätten und der natürlichen Ästhetik gehören: • Durchführung einer ESIA und eines ESMP nach internationalen Standards; • Ausarbeitung eines detaillierten Plans zur Vermeidung von Schäden an Kulturerbestätten; • Sich darauf vorbereiten, dass indigene Völker möglicherweise auf Konsultationen hoffen, eine freie, vorherige und informierte Zustimmung (FPIC) einzuholen, und dass Risiken entstehen können, wenn diese Erwartungen nicht erfüllt werden[2]; • keine weiteren Explorations-, Bergbau-, Verhüttungs-, Raffinerie- oder Recyclingtätigkeiten an heiligen Stätten oder solche mit irreversibler Degradation dieser Stätten anzustreben; • Ausarbeitung umfassender Entschädigungsprogramme in Absprache mit den betroffenen Stakeholdern.

Environmental issue	Possible corresponding prevention and mitigation actions
Unzureichende Abfallwirtschaft	Zu den Maßnahmen zur Gewährleistung eines umweltverträglichen Abfallmanagements können gehören: • Bestreben, die Tailingsentsorgung zu reduzieren und abzuschaffen; • Wiedergutmachung negativer Auswirkungen, die sich aus der früheren Tailingsentsorgung ergeben; • Erfüllung der Anforderungen des Globalen Industriestandards für Tailingsmanagement (Global Industry Standard on Tailings Management) für Standorte, an denen mehr als eine bestimmte Menge an Tailings pro Jahr anfällt. (Global Industry Standard on Tailings Management, 2020[41]).
Wasserverknappung	Zu den Maßnahmen zur Vermeidung und Minderung der Wasserverknappung können gehören: • Durchführung einer ESIA und eines ESMP nach internationalen Standards; • Änderung der Anlagenkonzepte zur Umsetzung von Kreislaufkonzepten, die den Wasserverbrauch reduzieren und das Wasserrecycling und die Wiederverwendung steigern; • Beteiligung von Lieferanten an öffentlich-privaten Partnerschaften zum nachhaltigen Management von Wasserressourcen in wasserarmen Gebieten; • Verbot von wasserverknappenden Aktivitäten, wenn ein hohes Risiko besteht, dass sie zu Wasserknappheit/einem Rückgang der Wasserversorgung von Städten/Siedlungen beitragen; • Schaffung neuer Ressourcen und/oder eines neuen Zugangs, um sicherzustellen, dass sich die Verfügbarkeit und Qualität von Subsistenz- und traditionellen Ressourcen nicht verändern.
Sonstige	Weitere Aktivitäten, die zur Vermeidung und Minderung von Umweltauswirkungen beitragen können: • Die Unternehmen können eine Strategie zur Korruptionsbekämpfung, die den Umweltschutz mit einbezieht, und den Nachweis ihrer Umsetzung vorlegen. • Der Betreiber kann den Fortschritt bei der Umsetzung eines Plans zur Stilllegung von Bergbautätigkeiten nachweisen, der die plötzliche (unerwartete) Stilllegung und die Stilllegung am Ende der Lebensdauer des Bergwerks (einschließlich der erforderlichen langfristigen Instandhaltung und Überwachung) innerhalb eines angemessenen Zeitrahmens vorsieht und durch angemessene finanzielle Sicherheiten absichert.

1. Eine Kohlenstoffsenke ist alles, was mehr Kohlenstoff aus der Atmosphäre aufnimmt als abgibt – zum Beispiel Pflanzen, das Meer und der Boden. https://www.clientearth.org/latest/latest-updates/stories/what-is-a-carbon-sink/#:~:text=A%20carbon%20sink%20is%20anything,fossil%20fuels%20or%20volcanic%20eruptions .

2. Die Unternehmen sollten erkennen, dass der Prozess der Beantragung von FPIC ein iterativer Prozess und keine einmalige Diskussion ist. Ein kontinuierlicher Dialog mit der lokalen Gemeinde führt zu einer vertrauensvollen Beziehung und einer ausgewogenen Vereinbarung, die dem Unternehmen in allen Phasen des Projekts zugute kommt.

Schritt 4: Umsetzung und Ergebnisse nachverfolgen

Was sagt der RBC-Leitfaden?

- Die Umsetzung und Effektivität der Due-Diligence Prozesse des Unternehmens nachverfolgen, d.h. seine Maßnahmen zur Bestimmung, Vermeidung und Minderung negativer Auswirkungen sowie gegebenenfalls Unterstützung von Wiedergutmachung, auch bei Geschäftsbeziehungen, nachverfolgen.
- Die Erkenntnisse aus der Nachverfolgung sind wiederum anzuwenden, um diese Prozesse für die Zukunft zu verbessern.

Welche zusätzlichen mineralstoffspezifischen Empfehlungen enthält der Minerale-Leitfaden?

- Überwachung und Nachverfolgung der Leistung der Bemühungen zur Risikominderung und Berichterstattung an die zuständige Geschäftsleitung.
- Durchführung von Due-Diligence Audits in der Lieferkette durch unabhängige Dritte an bestimmten Punkten der Lieferkette. Unternehmen an identifizierten Punkten (in den Ergänzungen angegeben) sollten ihre Due Diligence durch unabhängige Dritte durchführen lassen.

Schlüsselfragen zur Einbeziehung von Überlegungen zum Umweltrisiko in diesen Schritt:

- 4.1 Wie kann die Verfolgung der Umsetzungsaktivitäten und -ergebnisse den risikobasierten Due-Diligence-Prozess unterstützen und die Umweltergebnisse verbessern?
- 4.2 Wie kann ein Unternehmen die Umsetzung und Wirksamkeit seiner eigenen Due-Diligence-Aktivitäten und die seiner Lieferanten verfolgen? Welche Art von Informationen über Umweltrisiken können verfolgt werden?

4.1 Wie kann die Verfolgung der Umsetzungsaktivitäten und -ergebnisse den risikobasierten Due-Diligence-Prozess unterstützen und die Umweltergebnisse verbessern?

Von den Unternehmen wird erwartet, dass sie den Fortschritt der Umsetzung und Wirksamkeit der Due Diligence anhand geeigneter ergebnisorientierter und zeitgebundener Indikatoren und Ziele laufend überwachen und verfolgen. Bei der Verfolgung geht es in erster Linie darum, zu beurteilen, ob auf festgestellte negative Auswirkungen wirksam reagiert wurde, indem diejenigen Auswirkungen priorisiert wurden, die das Unternehmen in Schritt 2 als am wichtigsten eingestuft und in Schritt 3 Maßnahmen zur Vermeidung oder Minderung ergriffen hat. Wie und wie oft ein Unternehmen die Aktivitäten und Ergebnisse der priorisierten Auswirkungen verfolgt, hängt vom jeweiligen Kontext ab (siehe Frage 4.2).

Während Schritte 2 und 3 den Schwerpunkt der Verfolgungsaktivitäten beeinflussen werden, können die Ergebnisse oder Erkenntnisse aus der Verfolgung auch in den Due-Diligence-Prozess und die Umweltmanagementstrategien (Schritte 1 und 3) einfließen. Wenn Ziele und Vorgaben nicht erreicht werden, können Unternehmen prüfen, ob Änderungen an dem Due-Diligence-Prozess, einschließlich Entscheidungen zur Priorisierung, erforderlich sind. Dies trägt dazu bei, die Due-Diligence eines Unternehmens wirksam und dynamisch zu gestalten und an die jeweils schwerwiegendsten Umweltrisiken anzupassen. Wenn beispielsweise versucht wird, die Scope-3-THG-Emissionen zu reduzieren, kann die Verfolgung der Umsetzungsaktivitäten und -ergebnisse Aufschluss darüber geben, welche Aktivitäten in der Lieferkette schwieriger zu reduzieren sind oder wo das Unternehmen möglicherweise mehr Druck ausüben oder mehr Unterstützung und Schulungen anbieten muss, um die Ziele zu erreichen. Der Nachweis einer kontinuierlichen und aussagekräftigen Verbesserung anhand geeigneter und glaubwürdiger Indikatoren ist ein wichtiger Bestandteil der Nachverfolgung. Dies ist auch ein Hauptmerkmal von Umweltmanagementsystemen (siehe Frage 1.3).

4.2 Wie kann ein Unternehmen die Umsetzung und Wirksamkeit seiner eigenen Due Diligence und die seiner Lieferanten verfolgen? Welche Art von Informationen über Umweltrisiken können verfolgt werden?

Um die Umsetzung und Wirksamkeit der Due-Diligence-Aktivitäten und deren Ergebnisse effektiv zu verfolgen, muss ein Unternehmen in der Regel ein breites Spektrum an Informationen berücksichtigen (z. B. Bewertungsdaten, Daten aus Beschwerdeverfahren oder Besuche vor Ort, Recherchen am Schreibtisch und Gespräche mit relevanten Stakeholdern (einschließlich Arbeitnehmer*innen, Arbeitnehmervertretern und Gewerkschaften) und Experten). Wie bei anderen Due-Diligence-Aktivitäten sollte die Überwachung und Überprüfung verhältnismäßig und risikobasiert sein. Wie ein Unternehmen die Wirksamkeit seiner eigenen Due-Diligence und der Due-Diligence seiner Lieferanten anhand geeigneter Zielvorgaben verfolgt, hängt von der Art, Schwere und Wahrscheinlichkeit des Risikos (wobei bei schwerwiegenden Auswirkungen eine größere Dringlichkeit erforderlich ist) und vom Kontext ab, einschließlich der Art seiner Geschäftstätigkeit, seiner Größe und der Art seiner Geschäftsbeziehungen.

Wenn ein Unternehmen beispielsweise nachverfolgt, wie gut es gegen die unsachgemäße Verwendung oder Entsorgung von Gefahrstoffen bei seinen vorrangigen Lieferanten vorgeht, kann es in Erwägung ziehen, den Fortschritt sowohl auf Standortebene (z. B. Verfolgung des Fortschritts einzelner Lieferanten anhand korrekter Aktionspläne und Verfolgung spezifischer Vorfälle und deren Behandlung) als auch auf globaler Ebene (z. B. Überprüfung von Bewertungsdaten, gemeldeten Beschwerden und glaubwürdigen Berichten über relevante Lieferanten oder geografische Gebiete mit hohem Risiko) zu verfolgen. Bei schwerwiegenden Auswirkungen besteht eine größere Dringlichkeit, um festzustellen, ob negative Auswirkungen wirksam beseitigt werden.

Die Verfolgung von Fortschritten in Bezug auf Umweltrisiken und -auswirkungen in der Lieferkette kann z. B. Folgendes umfassen:

- **Überwachung der Wirksamkeit der eigenen Due-Diligence-Aktivitäten des Unternehmens im Hinblick auf seine Verpflichtungen, Ziele und geeigneten Indikatoren,** einschließlich der Bewertung der Fortschritte bei den Auswirkungen, die es möglicherweise verursacht oder zu denen es beigetragen hat, sowie der Maßnahmen, die es zur Unterstützung, zum Aufbau von Kapazitäten, zur Schaffung von Anreizen und zur anderweitigen Beeinflussung seiner Lieferanten im Rahmen ihrer eigenen Vermeidungs-, Minderungs- und Wiedergutmachungsmaßnahmen ergriffen hat. Dies kann zum Beispiel die Überwachung von Beschwerden umfassen, die über die unternehmenseigenen Beschwerdemechanismen auf operativer Ebene oder andere legitime Wiedergutmachungsmechanismen vorgebracht werden.[35]
- **Regelmäßige Verifizierung und fortlaufende Überprüfung der von den relevanten Lieferanten bereitgestellten Informationen über die Umsetzung und die Ergebnisse von Plänen für Korrekturmaßnahmen und anderen Due-Diligence-Aktivitäten.** Die Unternehmen sollen bestrebt sein, proaktiv mit den priorisierten Lieferanten zusammenzuarbeiten, um sich auf die praktischste und effektivste Art und Weise zu einigen, Informationen über Maßnahmen zur Vermeidung, Minderung und Wiedergutmachung sowie deren Ergebnisse zu finden und auszutauschen, und um den geeigneten Inhalt, das Format und die Häufigkeit der Berichterstattung festzulegen. Informationen, die in einem bestimmten Kontext relevant sein können, variieren und hängen von der jeweiligen Geschäftsbeziehung und anderen Faktoren ab, können aber Folgendes umfassen: Auditberichte Dritter oder andere Bewertungsberichte, öffentliche Berichterstattung der Lieferanten, Nachweise über Standortbegehungen und/oder die Einbeziehung von Stakeholdern, Informationen über Beschwerden, die über den Beschwerdemechanismus des Lieferanten auf operativer Ebene vorgebracht wurden, oder andere Informationsquellen, die das Unternehmen über den Status und das Management von Umweltrisiken und -auswirkungen durch den Lieferanten informieren können.
- **Teilnahme an Kooperationsinitiativen,** u. a. um Doppelbewertungen zu reduzieren und die Ermüdung der Lieferanten bei der Berichterstattung zu mindern, sowie um Informationen, Instrumente und Ressourcen zu bündeln.
- **Kontinuierlicher und wechselseitiger Dialog und offene Kommunikation zwischen dem Lieferanten und dem Unternehmen, um die Fortschritte bei den priorisierten Auswirkungen zu überwachen und alle Bedingungen zu ermitteln, die eine vertiefte Due Diligence rechtfertigen könnten,** auf der Grundlage von Treu und Glauben und wechselseitiger Verpflichtung.
- **Laufende Einholung von Informationen aus externen Quellen, um zu überprüfen, ob die priorisierten Risiken und negativen Auswirkungen wirksam vermieden, gemindert oder wiedergutgemacht wurden,** u. a. durch eine sinnvolle Einbindung relevanter Stakeholder (oder ihrer legitimen Vertreter), Desktop-Forschung, kooperative Ansätze oder die Einrichtung und regelmäßige Zusammenkunft von Arbeitsgruppen für das Management der Lieferkette oder für Umweltfragen oder andere Konsultationen mit Experten. Siehe auch die Fallstudie zur unabhängigen Überwachung durch die Gemeinde zur Bewertung von Umweltrisiken (siehe Box 4).

- **Technologien wie geografische Informationssysteme (GIS), Fernerkundung, Datenanalyse** und andere Instrumente, die dabei helfen, Probleme zu verfolgen, zu analysieren, zu alarmieren und weiter nachgelagerte Unternehmen zu benachrichtigen.

Sollte das Unternehmen tiefer in die Berichterstattung eines Lieferanten über seine Due-Diligence eindringen müssen, gibt es bestimmte Datenquellen, die vom Lieferanten angefordert oder zur Verfügung gestellt werden können, um die Überwachung der Umsetzung und der Ergebnisse zu erleichtern (siehe Frage 2.2).

Kasten 7. Unabhängige, gemeinschaftliche Überwachung zur Bewertung von Umweltrisiken

Im Zusammenhang mit einer bestimmten Anlage oder Unternehmenstätigkeit ermöglicht die Überwachung durch die Gemeinden (community monitoring) – auch Bürgerwissenschaft, freiwillige Umweltüberwachung, lokale Überwachung und andere verwandte Varianten genannt – und Unternehmen, ihr Bewusstsein für Umweltrisiken und -auswirkungen zu verbessern und die Ergebnisse des Umweltmanagements positiv zu beeinflussen (Danielsen, 2021[42]). Die Überwachung kann partizipativ (d. h. die Gemeinden führen die Überwachung in Zusammenarbeit mit der zu überwachenden Anlage oder dem zu überwachenden Unternehmen durch) oder unabhängig von den Überwachungsmaßnahmen der Anlage oder des Unternehmens erfolgen. Die Überwachung erstreckt sich auf ein breites Spektrum von Umweltparametern, wobei die Wasserqualität, die Luftqualität und die Biodiversität zu den häufigsten gehören. Häufig sind Schulungen oder andere Maßnahmen zum Aufbau von Kapazitäten erforderlich, um sicherzustellen, dass qualitativ hochwertige Umweltdaten erhoben werden.

Das zunehmende Interesse an der Überwachung durch die Gemeinden spiegelt den Anstieg der partizipativen Entscheidungsfindung in vielen Rechtsordnungen wider, und das Konzept ist gut dokumentiert (Stepenuck, 2015[43]), insbesondere in OECD-Ländern (Stepenuck, 2013[44]), aber auch darüber hinaus. Es ist wahrscheinlich, dass Smartphone-Apps und Online-Portale neue Möglichkeiten für das weitere Wachstum der Überwachung durch die Gemeinden und die Integration von Daten in Entscheidungsprozesse bieten werden, wobei neue Leitlinien eine stärkere Akzeptanz fördern.

Obwohl viele Gemeinden es vorziehen, eine unabhängige Überwachung der negativen Auswirkungen von Bergwerken durchzuführen, sind nur selten genügend Mittel oder der Wille der lokalen Lieferanten vorhanden, damit die Gemeinden eine unabhängige Überwachung durchführen können. Folglich können auch nachgelagerte Akteure lokale Gemeinden unterstützen, indem sie zu unabhängigen Fonds beitragen, um diese Tätigkeit zu fördern, und Anreize für die Lieferanten schaffen, Systeme zur Überwachung durch die Gemeinden zu errichten (Sydow et al., 2021[45]).

Schritt 5: Umgang mit Auswirkungen kommunizieren

Was sagt der RBC-Leitfaden?

- Extern relevante Informationen zu Due-Diligence-Strategien, -Prozessen und -Aktivitäten zur Bestimmung und Behebung tatsächlicher und potenzieller negativer Auswirkungen, einschließlich der Erkenntnisse und Ergebnisse aus diesen Aktivitäten, kommunizieren.
- Die oben genannten Informationen auf eine leicht zugängliche und angemessene Art veröffentlichen

- Veröffentlichung der Prüfberichte über die Due-Diligence-Praktiken unter gebührender Berücksichtigung von Geschäftsgeheimnissen und anderen wettbewerbsrechtlichen Belangen sowie von Reaktionen auf festgestellte Risiken.

Schlüsselfragen zur Einbeziehung von Überlegungen zum Umweltrisiko in diesen Schritt:

Fragen, die in diesem Schritt behandelt werden:

- 5.1 Welche Art von Due-Diligence-Umweltinformationen kann ein Unternehmen offenlegen? Und wie kann eine risikobasierte Due-Diligence die Kommunikationsaktivitäten unterstützen?
- 5.2. Welche Berichtsrahmen gibt es bereits, die Unternehmen dabei helfen können, zu kommunizieren, wie Umweltrisiken und -auswirkungen in ihrer Lieferkette überwacht und beseitigt werden?

5.1: Welche Art von Due-Diligence-Umweltinformationen kann ein Unternehmen offenlegen? Und wie kann eine risikobasierte Due-Diligence die Kommunikationsaktivitäten unterstützen?

Der RBC-Leitfaden empfiehlt, dass die Due-Diligence-Berichterstattung der Unternehmen relevante Informationen über die Maßnahmen enthält, die ergriffen wurden, um verantwortungsvolles unternehmerisches Handeln in Strategien und Managementsystemen zu verankern, über die vom Unternehmen identifizierten Bereiche mit erheblichen Risiken und priorisierten Auswirkungen, über die Priorisierungskriterien, über die Maßnahmen, die ergriffen wurden, um die priorisierten Auswirkungen anhand von Zielvorgaben und deren Ergebnissen zu behandeln, über die Maßnahmen zur Verfolgung der Umsetzung und der Ergebnisse sowie über die Bereitstellung von oder die Zusammenarbeit bei Wiedergutmachung.

Von den Unternehmen wird erwartet, dass sie angemessene, risikobasierte Schritte unternehmen, um relevante Informationen über ihre umweltbezogene Due-Diligence offenzulegen. Dies kann Informationen umfassen über:

- alle Beschränkungen, die die Qualität oder den Scope der relevanten Due-Diligence-Ergebnisse einschränken könnten;
- die Ergebnisse der Umweltrisikobewertungen und der CO_2-Bilanzierung, einschließlich signifikanter Umweltrisiken und ihrer Rezeptoren, einschließlich der damit verbundenen Auswirkungen auf die Menschenrechte. Bei der Übermittlung von Informationen über die Due Diligence der Lieferanten können die Informationen in zusammengefasster Form weitergegeben werden, oder die Bedingungen für die Berichterstattung werden mit den betreffenden Lieferanten vereinbart;
- geplante oder umgesetzte Maßnahmen zur Minderung von Risiken oder Beseitigung von negativen Auswirkungen auf die Umwelt, einschließlich Einzelheiten zu Wiederherstellung, Wiedergutmachung, Sanierung, Abhilfe, Partnerschaften, Koalitionen und anderen Bemühungen, einen Einfluss auszuüben oder zu nutzen;
- wenn möglich, die Ergebnisse der Minderungs- und Wiedergutmachungsmaßnahmen;
- Zeitplan für Wiedergutmachungs- und Überwachungsmaßnahmen;
- gelernte Lektionen und Pläne zur kontinuierlichen Verbesserung des Umweltmanagements und der verantwortungsvollen Beschaffung.

Die Offenlegung von Due-Diligence-Umweltinformationen wird wahrscheinlich zu Reaktionen von betroffenen oder potenziell betroffenen Stakeholdern und anderen Parteien mit Rechten oder Interessen an dem Prozess, den Ergebnissen oder der anschließenden Überwachung und Wiedergutmachung führen. Dies ist eine Gelegenheit für das Unternehmen, neue oder zusätzliche Informationen zu sammeln, die seine Risikobewertung und -priorisierung oder seine Planung zur Minderung, Vermeidung und Wiedergutmachung beeinflussen könnten.

5.2. Welche Berichtsrahmen gibt es bereits, die Unternehmen dabei helfen können, zu kommunizieren, wie Umweltrisiken und -auswirkungen in ihrer Lieferkette überwacht und beseitigt werden?

Es gibt viele Berichtsrahmen, die ein Unternehmen nutzen kann, um die verwendeten Methoden zur Beseitigung der Umweltauswirkungen zu kommunizieren. Im Folgenden werden einige Beispiele für die Berichtsrahmen zur Kommunikation über externe Umweltauswirkungen gegeben, aber die Unternehmen können die für ihre Bedürfnisse am besten geeigneten Berichtsrahmen selbst festlegen:

- **Die GRI-Standards** – insbesondere GRI 2 Allgemeine Angaben (einschließlich der Berichterstattung über den Due-Diligence-Prozess), die GRI 300-Reihe zu Umweltthemen (u. a. GRI 308 Supplier Environmental Assessment, Umweltbewertung von Lieferanten) https://www.globalreporting.org/how-to-use-the-gri-standards/gri-standards-english-language/
- The **Task Force on Climate-related Financial Disclosures (TCFD)** (Arbeitsgruppe für klimabezogene Finanzinformationen, TCFD) – insbesondere die Grundsätze für wirksame Offenlegungen. https://www.fsb-tcfd.org/
- The **Task Force for Nature-Related Financial Disclosures v2.0** (Arbeitsgruppe für naturbezogene finanzielle Offenlegungen v2.0) – insbesondere Kapitel 1 and 2 https://framework.tnfd.global/wp-content/uploads/2022/06/TNFD-Framework-Summary-Executive-Summary-Beta-v0-2.pdf
- **Carbon Disclosure Project (CDP) worldwide** (Weltweites Projekt zur Offenlegung von CO_2-Emissionen). https://www.cdp.net/en
- **GHG protocol** (THG Protokoll). https://ghgprotocol.org/
- **The UN Global Compact** – particularly around guidance on Communication on Progress (CoP) (UN Globale Kompaktheit – insbesondere in Bezug auf Leitlinien für die Kommunikation über Fortschritte (CoP). https://unglobalcompact.org/participation/report/cop
- **ISO 14040:2006** – die die Grundsätze und den Rahmen für die Ökobilanz spezifischer Produkte und nicht für die Organisation als Ganzes beschreibt. Diese Norm befasst sich mit den Umweltauswirkungen im Allgemeinen, einschließlich der Treibhausgasemissionen. ISO 14064 bietet eine Norm für den THG-Fußabdruck von Organisationen.

Schritt 6: Gegebenenfalls Wiedergutmachung leisten oder dabei kooperieren

Was sagt der RBC-Leitfaden?

- Wenn das Unternehmen feststellt, dass es tatsächliche negative Auswirkungen verursacht oder dazu beigetragen hat, diese Auswirkungen durch Leistung von oder Kooperation bei Wiedergutmachung beheben.
- Gesetze einhalten und, wo verfügbar, internationale Richtlinien zu Wiedergutmachung einhalten, mit betroffenen Rechteinhabern und deren Vertretern beraten und in Dialog treten, um eine geeignete Abhilfe zu bestimmen.
- Die angemessene Form der Abhilfe oder Kombination von Abhilfen hängt von Art und Ausmaß der negativen Auswirkung ab und beinhaltet eventuell Entschuldigungen, Restitution oder

Rehabilitierung, rechtliche Verpflichtungen, Präferenzen der Stakeholder, Verfügbarkeit von Mechanismen, Art der negativen Auswirkungen und Ort, an dem die negativen Auswirkungen auftreten (d. h. innerhalb der eigenen Geschäftstätigkeit oder der Lieferkette).

Schlüsselfragen zur Einbeziehung von Überlegungen zum Umweltrisiko in diesen Schritt:

- 6.1 Welche verschiedenen Arten von Wiedergutmachung sind für Umweltauswirkungen relevant?
- 6.2 Wie kann die Minderungshierarchie einen risikobasierten Ansatz für Wiedergutmachung unterstützen? Und was kann getan werden, wenn die Wiederherstellung des ursprünglichen Zustands der Umwelt oder die Wiedergutmachung von Umweltschäden nicht möglich ist?
- 6.3 Welche Mechanismen und Instrumente können eine Wiedergutmachung der Umwelt ermöglichen?

6.1: Welche verschiedenen Arten von Wiedergutmachung sind für Umweltauswirkungen relevant?

"Remediation" and "remedy" refer to the processes of restoring an affected person or persons (or the environment) to the situation it or they would be in had the adverse impact not occurred. Under the OECD Guidelines there is an expectation that enterprises remediate impacts that they cause or contribute to, or seek to influence remediation by a business relationship where they are directly linked to an impact. In situations of direct linkage, the emphasis is on checking that supplier remediation activities and mechanisms, such as grievance mechanisms, are effective.

Im Zusammenhang mit Umweltauswirkungen können Abhilfemaßnahmen folgende Formen annehmen:

- **Vorbeugende Abhilfemaßnahmen –** der Schwerpunkt liegt auf Aktivitäten, die vermeiden oder die Wahrscheinlichkeit mindern, dass Umweltschäden erneut auftreten. Zum Beispiel sollen die Methoden des Lieferantenmanagements geändert werden, um Ereignisse, die Umweltauswirkungen verursachen (oder wahrscheinlich verursachen), besser erkennen, überwachen und beseitigen zu können.
- **Wiederherstellungs- und/oder Sanierungsverfahren (manchmal auch als primäre Wiedergutmachung bezeichnet)** müssen, soweit möglich, angewandt werden, um die Strukturen und Funktionen des Ökosystems in einen früheren Zustand oder in einen mit den Stakeholdern vereinbarten Endnutzungszustand zu versetzen.
- Entschädigung der betroffenen Stakeholder (manchmal auch als kompensatorische Wiedergutmachung bezeichnet) oder Ausgleich von Umweltauswirkungen (manchmal auch als ergänzende Wiedergutmachung bezeichnet). Die Wiedergutmachung der Umwelt kann ein Weg sein, wodurch den Opfern von Menschenrechtsverletzungen durch Umweltschäden Abhilfe geleistet wird: Zum Beispiel die Bereitstellung einer alternativen Wasserressource.

Einige Beispiele für häufige Wiedergutmachung im Zusammenhang mit Umweltauswirkungen sind:

- **Biodiversitätsverlust** – Dies kann die Wiederherstellung, Sanierung und den aktiven Schutz geschädigter oder zerstörter Ökosysteme und Habitate oder die Wiederherstellung verlorener Arten, die in dem Gebiet natürlich vorkommen, umfassen.
- **Wasserverschmutzung** – Je nach Kontext und Ursache der Auswirkungen kann dies eine aktive oder passive Wasseraufbereitung oder die Einrichtung reaktiver Reinigungswände zur Isolierung und/oder Behandlung von kontaminiertem Grundwasser umfassen.

- **Luftverschmutzung** – Schrittweise Sanierung und Errichtung von Windschutzwänden auf Tailingsanlagen, Halden und Bergehalden, Bewässerung von Straßen und Wegen sowie Einführung geeigneter Technologien zur Emissionsminderung.
- **Unzureichende Abfallwirtschaft** – Sanierung kontaminierter Böden durch Maßnahmen, die Bioremediation und/oder Phytoremediation umfassen können[36].

6.2. Wie kann die Minderungshierarchie einen risikobasierten Ansatz für Umweltsanierungen unterstützen? Und was kann getan werden, wenn die Wiederherstellung des ursprünglichen Zustands der Umwelt oder die Wiedergutmachung von Umweltschäden nicht möglich ist?

Unternehmen sollten der Beseitigung oder Verringerung von Umweltschäden Vorrang vor Ausgleichs-, Entschädigungs- oder Neutralisierungsmaßnahmen einräumen, in Übereinstimmung mit den Prinzipien der Minderungshierarchie. In manchen Fällen ist es jedoch nicht möglich, negative Auswirkungen durch Maßnahmen zur Wiederherstellung oder Wiedergutmachung der Umwelt zu beenden. In diesen Fällen müssen möglicherweise Entschädigungsmaßnahmen sowohl für die Natur als auch für die betroffenen Rechteinhaber getroffen werden.

Zu den Entschädigungsmaßnahmen im Zusammenhang mit den Menschenrechten kann eine finanzielle Entschädigung oder die Umsiedlung der betroffenen Rechteinhaber gehören, während die Entschädigung im Umweltbereich Überlegungen zum Ausgleich und zur Förderung der Wiederherstellung der Landschaft durch Vermeidung von Entwaldung und Schädigung des Ökosystems umfassen kann.

Es ist jedoch wichtig, Ausgleiche sorgfältig zu bewerten, da Ausgleiche auch soziale und umweltbezogene Auswirkungen betreffen, die berücksichtigt werden müssen. Im Zusammenhang mit der Verminderung der Treibhausgasemissionen in der Lieferkette eines Unternehmens können beispielsweise Emissionsgutschriften oder Ausgleiche als letztes Mittel zur Behandlung unverminderter Emissionen in Betracht gezogen werden. Darüber hinaus gibt es eine wachsende politische Dynamik zugunsten des Strebens nach positiven Nettoergebnissen für die Biodiversität und der Erzielung von sozioökonomischen Zusatznutzen als Teil naturbasierter Lösungen, wodurch die Erwartungen an gute Praktiken über den Ausgleich hinausgehen und sich in Richtung Regeneration und Verbesserung des Naturkapitals bewegen.

6.3. Welche Mechanismen und Instrumente können eine Sanierung der Umwelt ermöglichen?

Unternehmen beteiligen sich an der Beseitigung von Auswirkungen, die sie verursachen oder zu denen sie beitragen. Um sich an Wiedergutmachung zu beteiligen, müssen Unternehmen Mechanismen einrichten und sich an ihnen beteiligen, die es den Stakeholdern ermöglichen, Beschwerden über entstandene Auswirkungen vorzubringen. Diese Mechanismen können in die laufende Risikopriorisierung der Unternehmen einfließen.

Bei Menschen, die von einer negativen Umweltauswirkung betroffen sind, liegt der Schwerpunkt auf dem Recht des Opfers auf „gleichen und wirksamen Zugang zu Gerichten, angemessene, wirksame und unverzügliche Wiedergutmachung des erlittenen Schadens und Zugang zu relevanten Informationen über Verstöße und Wiedergutmachungsmechanismen" (UN, 2005[46])

Zu den Mechanismen zur Unterstützung der Bereitstellung von Abhilfemaßnahmen für die Umwelt können gehören:

- **Außergerichtliche Mechanismen und Beschwerdemechanismen auf operativer Ebene,** die rechtmäßig, zugänglich, berechenbar, gerecht, transparent und dialogorientiert sind, einschließlich der nationalen Kontaktstellen für RBC.

- **Bereithaltung angemessener und sicherer Wertpapiere** für die Rekultivierung, Stilllegung sowie Nachsorge, Instandhaltung und Überwachung nach der Stilllegung. Einrichtung von **Versicherungsmechanismen** zur Unterstützung von Umweltwiedergutmachung und Sanierungsmaßnahmen oder der Nachsorge nach der Stilllegung von Bergwerken sowie zur Deckung von Schadenersatz- oder Haftungsansprüchen, die sich aus den Aktivitäten ergeben können.
- **Gemeinsame Maßnahmen der Industrie** zur Förderung und Unterstützung von Wiedergutmachung. Gemeinsame Maßnahmen können die Wiedergutmachung im vorgelagerten Bereich unterstützen, insbesondere bei kumulativer Wiedergutmachung und falls Wiedergutmachung effektiver ist, wenn sie auf Landschaftsebene stattfindet.
- **Rechtliche Maßnahmen (Strafverfolgung, Rechtsstreit und Schlichtung)** zur Finanzierung, Beschleunigung und Durchsetzung der oben genannten Mechanismen.

Anhang A. Glossar von Umweltbegriffen

Biodiversität

Unter Biodiversität versteht man die Variabilität unter lebenden Organismen jeglicher Herkunft, einschließlich terrestrischer, mariner und anderer aquatischer Ökosysteme und der ökologischen Komplexe, zu denen sie gehören; dies umfasst die Vielfalt innerhalb der Arten, zwischen den Arten und der Ökosysteme.

Quelle: *Übereinkommen über die Biodiversität, Artikel 2. Verwendung von Begriffen. Nach [The Convention on Biological Diversity, Article 2. Use of Terms.]* https://www.cbd.int/convention/articles/?a=cbd-02

Kritisches Habitat

Gebiete mit einem hohen Wert für die Biodiversität, einschließlich, aber nicht unbedingt beschränkt auf: (i) Habitat von erheblicher Bedeutung für vom Aussterben bedrohte oder gefährdete Arten; (ii) Habitat von erheblicher Bedeutung für endemische Arten und/oder Arten mit eingeschränktem Verbreitungsgebiet; (iii) Habitat mit weltweit bedeutenden Konzentrationen von wandernden und/oder sich versammelnden Arten; (iv) stark bedrohte und/oder einzigartige Ökosysteme; und/oder (v) Gebiete, die mit wichtigen evolutionären Prozessen in Verbindung stehen. Andere anerkannte hohe Werte der Biodiversität können ebenfalls eine Ausweisung als kritisches Habitat rechtfertigen, basierend auf einer Einzelfallbewertung durch einen Sachverständigen.

Quelle: Adaptiert von IFC. 2012. Leistungsstandard 6, Absatz 13 und GN55, GN56, 57. Nach [IFC. 2012. Performance Standard 6, Para. 13 and GN55, GN56, 57.]

Tiefseebergbau

Der Prozess der Gewinnung von Mineralvorkommen aus der Tiefsee, d. h. dem Bereich der Ozeane unterhalb von 200 m.

Quelle: Internationale Union für die Erhaltung der Natur (IUCN). 2020. Problemübersicht. Nach [International Union for the Conservation of Nature (IUCN). 2020. Issues Brief.]

Entwaldung

Die Umwandlung von Wäldern in eine andere Landnutzung, unabhängig davon, ob sie vom Menschen verursacht wird oder nicht.

Quelle: FAO (2020), Globale Bewertung der Waldressourcen 2020: Begriffe und Definitionen. Nach [FAO (2020), Global Forest Resources Assessment 2020: Terms and Definitions.] https://www.fao.org/3/I8661EN/i8661en.pdf

Ökosystemleistungen

Das Konzept der Ökosystemleistungen ist der wichtigste Rahmen, der den „Nutzen" der Biodiversität zum Ausdruck bringt. Es veranschaulicht die Verbindung zwischen den Interaktionen der Arten untereinander und mit der physikalischen Umwelt einerseits und dem Wohlergehen der Menschen, sei es in Form von Wohlstand, Ernährung oder Sicherheit, andererseits. Das 2005 veröffentlichte Millennium Ecosystem Assessment unterteilt die Ökosystemleistungen in vier Kategorien:

- Versorgungsleistungen oder die Bereitstellung von Gütern, die den Menschen direkt zugute kommen und oft einen eindeutigen Geldwert haben, wie z. B. Holz aus Wäldern, Heilpflanzen und Fische aus den Ozeanen, Flüssen und Seen;
- regulierende Leistungen, d. h. die von Ökosystemen ausgeübten Funktionen, die oft von großem Wert sind, aber im Allgemeinen auf konventionellen Märkten nicht mit einem Geldwert bewertet werden. Dazu gehören die Regulierung des Klimas durch die Speicherung von CO2 und die Steuerung lokaler Niederschläge, die Beseitigung von Schadstoffen durch die Filterung von Luft und Wasser sowie der Schutz vor Katastrophen wie Erdrutschen und Küstenstürmen;
- kulturelle Leistungen, die keinen direkten materiellen Nutzen bringen, sondern zu den allgemeinen Bedürfnissen und Wünschen der Gesellschaft beitragen und damit zur Bereitschaft der Menschen, für den Naturschutz zu zahlen. Dies beinhaltet den spirituellen Wert, der bestimmten Ökosystemen wie heiligen Hainen beigemessen wird, und die ästhetische Schönheit von Landschaften oder Küstenformationen, die Touristen anzieht;
- unterstützende Leistungen, die nicht von unmittelbarem Nutzen für die Menschen sind, aber für das Funktionieren von Ökosystemen unerlässlich sind und daher indirekt für alle anderen Leistungen grundsätzlich sind. Beispiele sind die Bildung von Böden und Pflanzenwachstumsprozesse.

Quelle: *Übereinkommen über die Biodiversität und Factsheet des Umweltprogramms der Vereinten Nationen zu Ökosystemleistungen.* Nach *[Convention on Biological Diversity and United Nations Environment Program Factsheet on Ecosystem services]* https://www.cbd.int/undb/media/factsheets/undb-factsheet-ecoserv-en.pdf

Freie, vorherige und informierte Einwilligung

(i) Die Menschen werden „in ihrer Wahl für Entwicklung nicht gezwungen, unter Druck gesetzt oder eingeschüchtert"; ii) „ihre Zustimmung wird vor der Genehmigung von Entwicklungsmaßnahmen eingeholt und sie wird freiwillig erteilt"; iii) sie „verfügen über umfassende Informationen über den Umfang und die Auswirkungen der vorgeschlagenen Entwicklungsmaßnahmen auf ihr Land, ihre Ressourcen und ihr Wohlergehen"; und (iv) „ihre Entscheidung, ihre Zustimmung zu Plänen, die sie betreffen, zu erteilen oder zu verweigern, wird respektiert und gewahrt".

Quelle: Ständiges Forum der Vereinten Nationen für indigene Angelegenheiten (UNPFII, 2005:12). Nach [UN Permanent Forum on Indigenous

Issues] (UNPFII, 2005:12).

Wälder

Gebiete mit einer Fläche von mehr als 0,5 Hektar mit Bäumen von mehr als 5 Metern Höhe und einem Kronendach von mehr als 10 % oder Bäumen, die in der Lage sind, diese Schwellenwerte in situ zu erreichen. Nicht erfasst sind Flächen, die überwiegend landwirtschaftlich oder städtisch genutzt werden.

Quelle: FAO (2020), Globale Bewertung der Waldressourcen 2020: Begriffe und Definitionen. Nach [FAO (2020), Global Forest Re Assessment 2020: Terms and Definitions.] https://www.fao.org/3/I8661EN/i8661en.pdf

Treibhausgase (THG)

Treibhausgase sind natürliche oder anthropogene gasförmige Bestandteile der Atmosphäre, die Strahlung bei bestimmten Wellenlängen innerhalb des Spektrums der von der Erdoberfläche, der Atmosphäre selbst und von Wolken emittierten terrestrischen Strahlung absorbieren und emittieren. Diese Eigenschaft verursacht den Treibhauseffekt. Wasserdampf (H2O), Kohlendioxid (CO2), Distickstoffmonoxid (N2O), Methan (CH4) und Ozon (O3) sind die primären Treibhausgase in der Erdatmosphäre. Darüber hinaus gibt es eine Reihe von gänzlich vom Menschen verursachten Treibhausgasen in der Atmosphäre, z. B. die Halogenkohlenwasserstoffe und andere chlor- und bromhaltige Substanzen, die unter das Montrealer Protokoll fallen. Außer CO2, N2O und CH4 befasst sich das Kyoto-Protokoll mit den Treibhausgasen Schwefelhexafluorid (SF6), Kohlenwasserstoffen (HFKW), Stickstofftrifluorid (NF3) und perfluorierten Kohlenwasserstoffen (FKW).

Quelle: Zwischenstaatlicher Ausschuss für Klimaänderungen (IPCC). 2014. Klimawandel 2014: Eindämmung des Klimawandels. Beitrag der Arbeitsgruppe III zum Fünften Sachstandsbericht des Zwischenstaatlichen Ausschusses für Klimaänderungen. Nach [Intergovernmental Panel on Climate Change (IPCC). 2014. Climate Change 2014: Mitigation of Climate Change. Contribution of Working Group III to the Fifth Assessment Report of the Intergovernmental Panel on Climate Change.]

Hoher Naturschutzwert (HNV)

Biologische, ökologische, soziale oder kulturelle Werte, die auf nationaler, regionaler oder globaler Ebene als herausragend angesehen werden.

Quelle: UNEP WCMC Biodiversität von A bis Z. Nach [UNEP WCMC Biodiversity A to Z.]

Gerechter Übergang

Ein Konzept, das ursprünglich im Pariser Abkommen der UNFCCC (2015) eingeführt wurde, wo ein wichtiges Leitprinzip des Abkommens darin besteht, dass die Länder „die Erfordernisse eines gerechten Übergangs der Arbeitnehmer und die Schaffung von menschenwürdiger Arbeit und hochwertigen Arbeitsplätzen in Übereinstimmung mit den national festgelegten Entwicklungsprioritäten berücksichtigen".

In den OECD-Leitsätzen für multinationale Unternehmen über verantwortungsvolles unternehmerisches Handeln wird darauf hingewiesen, dass bei der Durchführung der umweltbezogenen Sorgfaltspflichten und der Bewältigung negativer Umweltauswirkungen häufig mehrere umweltbezogene, soziale und entwicklungspolitische Prioritäten berücksichtigt werden müssen. In dieser Hinsicht ist es für Unternehmen wichtig, soziale Auswirkungen im Rahmen ihres Umweltmanagements und ihrer Sorgfaltspflichten zu bewerten und zu behandeln und Maßnahmen zu ergreifen, um solche negativen Auswirkungen sowohl bei der Abkehr von umweltschädlichen Praktiken als auch bei der Hinwendung zu umweltfreundlicheren Industrien oder Praktiken, wie z. B. der Nutzung erneuerbarer Energien, zu vermeiden oder zu mindern.

Quelle: OECD (2023), Die OECD-Leitsätze für multinationale Unternehmen zu verantwortungsvollem unternehmerischem Handeln. Nach [OECD (2023), OECD Guidelines for Multinational Enterprises on Responsible Business Conduct], OECD Publishing, Paris, https://doi.org/10.1787/81f92357-en.

Schlüsselgebiet der Biodiversität

Standorte, die wesentlich zum weltweiten Fortbestand der Biodiversität in terrestrischen, Süßwasser- und Meeresökosystemen beitragen. Sie stellen die wichtigsten Gebiete für die Erhaltung der Biodiversität weltweit dar und werden auf nationaler Ebene anhand global standardisierter Kriterien und Schwellenwerte ausgewiesen.

Quelle: UNEP WCMC, geändert von IUCN. 2016. Globaler Standard für die Identifizierung von Schlüsselgebieten der Biodiversität. Nach [UNEP WCMC, modified from IUCN. 2016. Global Standard for the Identification of Key Biodiversity Areas].

Ökobilanz (LCA)

Zusammenstellung und Bewertung der Inputs, Outputs und der potenziellen Umweltauswirkungen eines Produkts oder einer Dienstleistung im Verlauf seines/ihres Lebenswegs.

Quelle: Zwischenstaatlicher Ausschuss für Klimaänderungen (IPCC). 2018. Sonderbericht über die globale Erwärmung von 1,5°C – SR15, geändert von ISO, 2018: ISO 14044:2006. Nach [Intergovernmental Panel on Climate Change (IPCC). 2018. Special Report on Global Warming of 1.5°C – SR15, modified from ISO, 2018: ISO 14044:2006.]

Minderungshierarchie

„Die Minderungshierarchie ist eine Reihe von priorisierten Schritten, um Umweltschäden (oder soziale Schäden) so weit wie möglich durch Vermeidung, Minimierung und Wiederherstellung nachteiliger Auswirkungen zu mildern. Kompensationen/Ausgleiche werden für die Behebung von Restauswirkungen nur dann in Betracht gezogen, wenn entsprechende Vermeidungs-, Minimierungs- und Wiederherstellungsmaßnahmen ergriffen wurden. Die Minderungshierarchie bezüglich der Biodiversität sieht wie folgt aus (die Schritte können jedoch auf alle umweltbezogenen oder sozialen Auswirkungen angewendet werden):

i. Vermeidung: Maßnahmen, die ergriffen werden, um Auswirkungen von vornherein zu vermeiden, wie z. B. eine sorgfältige räumliche oder zeitliche Platzierung von Infrastrukturelementen, um Auswirkungen auf bestimmte Komponenten der Biodiversität vollständig zu vermeiden. Dies führt zu einem Wechsel zu einem "Business as usual"-Ansatz.

ii. Minimierung: Maßnahmen, die ergriffen werden, um die Dauer, Intensität und/oder das Ausmaß von Auswirkungen, die nicht vollständig vermieden werden können, so weit wie praktisch möglich zu reduzieren.

iii. Wiederherstellung: Maßnahmen, die ergriffen werden, um die Erholung von Ökosystemen zu unterstützen, die geschädigt oder zerstört wurden. Dabei geht es darum, ein Gebiet so zu verändern, dass die Zusammensetzung, Struktur und Funktion eines Ökosystems wiederhergestellt wird, wobei es in der Regel wieder in seinen ursprünglichen Zustand (vor der Störung) oder in einen gesunden Zustand versetzt wird, der dem ursprünglichen Zustand nahekommt.

iv. Ausgleich: Messbare Erhaltungsergebnisse, die sich aus Maßnahmen ergeben, die darauf abzielen, erhebliche verbleibende negative Auswirkungen auf die Biodiversität auszugleichen, die sich aus der Projektentwicklung ergeben, nachdem geeignete Vorbeuge- und Minderungsmaßnahmen ergriffen wurden. Das Ziel von Biodiversitätsausgleich ist kein Nettoverlust oder Nettogewinn an Biodiversität vor Ort in Bezug auf die Artenzusammensetzung, die Habitatstruktur, die Ökosystemfunktion und die Nutzung durch den Menschen und die mit der Biodiversität verbundenen kulturellen Werte."

Quelle: Initiative für die Gewährleistung eines verantwortungsvollen Bergbaus (IRMA). 2018. Standardglossar der Begriffe. Nach [Initiative for Responsible Mining Assurance (IRMA). 2018. Standard Glossary of Terms.]

Naturbasierte Lösungen

Naturbasierte Lösungen sind Maßnahmen, die die Natur schützen, nachhaltig managen oder wiederherstellen, mit dem Ziel, Ökosystemleistungen zu erhalten oder zu verbessern, um eine Vielzahl sozialer, umweltbezogener und wirtschaftlicher Herausforderungen anzugehen.

Quelle: OECD (2020), *Naturbasierte Lösungen zur Anpassung an wasserbezogene Klimarisiken.* Politik-Perspektiven. OECD Umweltpolitik-Papier Nr. 21. Nach [OECD (2020), *Nature-based solutions for adapting to water-related climate risks.* Policy Perspectives. OECD Environment Policy Paper No. 21.] OECD Publishing. Paris, *https://doi.org/10.1787/2257873d-en*.

Natural capital

Die Natur ist ein Vermögenswert oder Kapitalstock (d. h. Naturkapital), wie produziertes (physikalisches) und Humankapital. Naturkapital liefert Güter und Leistungen, die direkt oder indirekt zur Wirtschaftsleistung und zum menschlichen Wohlergehen eines Landes beitragen. Aber es ist viel mehr als ein wirtschaftliches Gut; die Natur hat auch einen intrinsischen Wert. Das Naturkapital ist der wichtigste aller Kapitalstöcke, da es grundlegende lebenserhaltende Funktionen erfüllt und die umweltbezogenen Grenzen für sozioökonomische Systeme setzt.

Quelle: OECD (2021), *Biodiversität, Naturkapital und die Wirtschaft: A Policy Guide for Finance, Economic and Environment Ministers.* Politische Perspektiven. OECD Umweltpolitik-Papier Nr. 26. Nach [OECD (2021), *Biodiversity, Natural Capital and the Economy: A Policy Guide for Finance, Economic and Environment Ministers.* Policy Perspectives. OECD Environment Policy Paper NO. 26.] OECD Publishing. Paris. https://www.oecd-ilibrary.org/docserver/1a1ae114-en.pdf?expires=1693395607&id=id&accname=ocid84004878&checksum=43C12709219D3FDDEE2CA8FC7E142008.

Ausgleiche

- **Ausgleichsmaßnahmen für die Biodiversität.** Ausgleichsmaßnahmen für die Biodiversität sind messbare Erhaltungsergebnisse, die sich aus Maßnahmen ergeben, mit denen ein erheblicher, verbleibender Verlust an Biodiversität durch Entwicklungsprojekte ausgeglichen werden soll. Sie sollen erst dann umgesetzt werden, wenn angemessene Schritte zur Vermeidung und Minimierung des Biodiversitätsverlustes an einem Entwicklungsstandort unternommen wurden. Ausgleichsmaßnahmen basieren auf der Prämisse, dass die Auswirkungen der Entwicklung kompensiert werden können, wenn an anderer Stelle ausreichend Habitat geschützt, verbessert oder geschaffen werden kann. Ausgleichsmaßnahmen sind wirtschaftliche Instrumente und basieren auf dem Verursacherprinzip. Sie zielen darauf ab, die externen Kosten des Biodiversitätsverlustes durch Entwicklungsprojekte zu internalisieren, indem den Aktivitäten, die negative Auswirkungen auf die Biodiversität verursachen, Kosten auferlegt werden.

Quelle: OECD (2016), *Biodiversitätsausgleich: Effektive Gestaltung und Umsetzung*, Politik-Highlights. Nach OECD (2016), *Biodiversity Offsets: Effective Design and Implementation*, Policy Highlights. OECD Publishing, Paris https://www.oecd.org/environment/reQuelles/Policy-Highlights-Biodiversity-Offsets-web.pdf

- **CO_2- oder THG-Ausgleiche.** Ein CO_2-Ausgleich ist eine Verringerung der Emissionen von Kohlendioxid oder anderen Treibhausgasen, der dazu dient, an einer anderen Stelle verursachte Emissionen auszugleichen.

Quelle: https://www.ipcc.ch/2018/06/15/ipcc-meetings-go-carbon-neutral/#:~:text=A%20carbon%20offset%20is%20a,%E2%80%9D)%20an%20emission%20made%20elsewhere.

Schutzgebiet

„Ein klar definierter geografischer Raum, der anerkannt, gewidmet und mit rechtlichen oder anderen wirksamen Mitteln verwaltet wird, um die langfristige Erhaltung der Natur mit den damit verbundenen Ökosystemleistungen und kulturellen Werten zu erreichen." Die Definition wird um sechs „Schutzgebietsmanagementkategorien" erweitert, die strenge Naturschutzgebiete, Wildnisgebiete, Nationalparks, Naturdenkmäler oder -merkmale, Habitat/Artenmanagementgebiete, Schutzlandschaften oder Meereslandschaften umfassen.

Quelle: Geändert von Dudley (2008), Richtlinien für die Anwendung von Schutzgebietsmanagementkategorien. Internationale Union für die Erhaltung der Natur (IUCN). Nach [Modified from Dudley (2008), Guidelines for Applying Protected Area Management Categories. International Union for the Conservation of Nature (IUCN).]

Rekultivierung

Der Prozess, bei dem stark degradiertes Land in einen Zustand versetzt wird, der für den Anbau oder für die menschliche Nutzung geeignet ist.

Quelle: Internationale Normen der Gesellschaft für umweltbezogene Wiederherstellung. Nach [Society for Ecological Restoration's international standards.]

Sanierung

Maßnahmen zur Wiedergutmachung degradierter oder beräumter Ökosysteme nach Auswirkungen, die nicht vollständig vermieden und/oder minimiert werden können. Bei der Sanierung geht es um die Reparatur von Ökosystemprozessen, Produktivität und Leistungen. Die Sanierung kann das Ökosystem nicht immer in seinen ursprünglichen Zustand zurückversetzen, aber sie zielt darauf ab, Arten und Gemeinschaften des Ökosystems wiederherzustellen.

Quelle: Geändert von BBOP & UNEP. 2010. Minderungshierarchie. Wirtschaft- und Biodiversitätsausgleichs-Programm & Umweltprogramm der Vereinten Nationen, Washington DC, USA; BBOP. 2012. Glossar. Wirtschaft- und Biodiversitätsausgleichs-Programm, Washington DC, USA. Nach [Modified from BBOP & UNEP. 2010. Mitigation Hierarchy. Business and Biodiversity Offsets Programme & United Nations Environment Programme, Washington DC, USA; BBOP. 2012. Glossary. Business and Biodiversity Offsets Programme, Washington DC, USA.]

Wiederherstellung

Wiedererrichtung der Struktur und Funktion des Ökosystems auf ein Abbild seines früheren naturnahen Zustands oder Nachbildung eines gewünschten Referenzökosystems.

Quelle: Internationaler Rat für Bergbau und Metalle (ICMM). 2019. Integrierte Stilllegung von Bergwerken: Leitfaden für gute Praxis (2. Aufl.) Nach [International Council on Mining and Metals (ICMM). 2019. Integrated mine closure: Good practice guide (2nd ed.)]

Scope 1, 2 and 3 Emissionen

Emissionsverantwortung gemäß der Definition des THG-Protokolls, einer Initiative des Privatsektors. „Scope 1" bezeichnet direkte THG-Emissionen, die aus Quellen stammen, die sich im Besitz oder unter der Kontrolle der berichtenden Einrichtung befinden. „Scope 2" bezeichnet indirekte THG-Emissionen im Zusammenhang mit der Erzeugung von Elektrizität, Wärme oder Dampf, die von der berichtenden Einrichtung gekauft werden. „Scope 3" bezeichnet alle anderen indirekten Emissionen, d. h. Emissionen im Zusammenhang mit der Gewinnung und Herstellung von eingekauften Materialien, Brennstoffen und Dienstleistungen, einschließlich des Transports in Fahrzeugen, die sich nicht im Besitz oder unter der Kontrolle der berichtenden Einrichtung befinden, ausgelagerte Tätigkeiten, Abfallentsorgung usw.

Quelle: Zwischenstaatlicher Ausschuss für Klimaänderungen (IPCC). 2014. Klimawandel 2014: Minderung des Klimawandels, geändert von WBCSD und WRI, 2004. Nach [Intergovernmental Panel on Climate Change (IPCC). 2014. Climate Change 2014: Mitigation of Climate Change, modified from WBCSD and WRI, 2004.]

Anhang B. Nicht vollständige Liste von Instrumenten zur Ermittlung, Bewertung und Management von Umweltrisiken un - auswirkungen

Rechenschaftspflicht, Ratings und Offenlegung

- Prinzipien der Rechenschaftspflicht: AA1000 AccountAbility Principles
- GRI-Normen: 101 Grundlagen und 102 Allgemeine Angaben: GRI Standards: 101 Foundation and 102 General Disclosures
- Arbeitsgruppe für Naturverbundene finanzielle Offenlegungen v2.0 (TNFD) und sein Glossar der Schlüsselbegriffe: Task Force for Nature Financial Disclosures v2.0 (TNFD) and its Glossary of Key Terms
- Arbeitsgruppe für klimabezogene Finanzinformationen (TCFD) Task Force on Climate-Related Financial Disclosures (TCFD)
- Projekt zur Offenlegung von CO2-Emissionen (CDP): Carbon Disclosure Project (CDP)
- vertrauenswürdige Nachhaltigkeitsrating für Unternehmen: Ecovadis
- Institutionelle Aktionärsbetreuung (ISS): Institutional Shareholder Services (ISS)
- MSCI
- Nachhaltigkeitsanalyse: Sustainalytics
- Dow Jones Nachhaltigkeitsindizes (DJSI): Dow Jones Sustainability Indices (DJSI)

Merkblätter für die besten verfügbaren Techniken (BVT-Merkblätter) – Best Available Techniques (BAT) reference documents (BREFs) zum Beispiel:

- Herstellung von Zement, Kalk und Magnesiumoxid: Production of Cement, Lime and Magnesium Oxide –BREF BATC (04.2013)
- Emissionen aus Lagerung: Emissions from Storage – BREF (07.2006)
- Energie-Effizienz: Energy Efficiency –BREF (02.2009)
- Eisenmetallverarbeitende Industrie: Ferrous Metals Processing Industry – BREF (12.2001)
- Industrielle Kühlsysteme: Industrial Cooling Systems – BREF (12.2001)
- Eisen- und Stahlherstellung: Iron and Steel Production – BREF BATC (03.2012)
- Nichteisen-Metallindustrie: Non-ferrous Metals Industries – BREF BATC (06.2016)
- Raffinierung von Erdöl und Erdgas: Refining of Mineral Oil and Gas – BREF BATC (10.2014)
- Abfallbehandlung: Waste Treatment – BREF BATC (08.2018)

- Herstellung von Glas: Manufacture of Glass – BREF BATC (03.2012)
- Keramische Industrie: Ceramic Manufacturing Industry – BREF (08.2007)

Biodiversität

- Leitfaden für gute Praxis im Bergbau und Biodiversität: Good Practice Guide for Mining and Biodiversity
- Integriertes nstrument zur Bewertung der Biodiversität (IBAT): Integrated Biodiversity Assessment Tool (IBAT)

Einbindung von Gemeinden und Stakeholdern

- IHRB Förderung der Menschenrechte und Gewährleistung der sozialen Eingliederung im Rohstoffsektor. IHRB: Promoting Human Rights and Ensuring Social Inclusion in the Extractives Sector.
- IFC-Handbuch für die Einbindung von Stakeholdern: IFC Stakeholder Engagement Practice Handbook
- AA1000 Normen für die Einbindung von Stakeholdern: AA1000 Stakeholder Engagement Standard
- OECD-Leitfaden zu Due Diligence für sinnvolle Einbeziehung von Stakeholdern im Rohstoffsektor: OECD Due Diligence Guidance for Meaningful Stakeholder Engagement in the Extractive Sector

Treibhausgasemissionen

- THG Protokoll: GHG Protocol

Bewertung von Auswirkungen

- IFC-Leistungsnorm 1. Soziale und umweltbezogene Bewertung und Managementsysteme: IFC Performance Standard 1. Social and Environmental Assessment and Management Systems
- WBCSD-Initiative für Nachhaltigkeit in der Zementindustrie, Leitlinien für die Umwelt- und Sozialverträglichkeitsprüfung: WBCSD Cement Sustainability Initiative Guidelines for Environmental & Social Impact Assessment.
- Internationaler Rat für Bergbau und Metalle (ICMM), Leitfaden für die gute Praxis der Gesundheitsverträglichkeitsprüfung: International Council on Mining and Metals(ICMM) Good Practice Guidance on Health Impact Assessment
- IAIA Kreislaufwirtschaft und Wirkungsabschätzung – eine Einführung: IAIA The Circular Economy and Impact Assessment - A Primer
- IAIA Der Stand der Praxis der digitalen Wirkungsabschätzung: IAIA The State of Digital Impact Assessment Practice
- IFC Handbuch der guten Praxis – Bewertung und Management kumulativer Auswirkungen: Leitfaden für den Privatsektor in Schwellenländern: IFC Good Practice Handbook - Cumulative Impact Assessment and Management: Guidance for the Private Sector in Emerging Markets

Ökobilanz (LCA)

- ISO 14040 Umweltmanagement – Ökobilanz – Grundsätze und Rahmenbedingungen: ISO 14040 Environmental management – Life cycle assessment – Principles and framework
- Ecoinvent Datenbank: Ecoinvent Database

Risikobewertung und -management

- Risikobewertung ISO 31000 – Risk management

Tailingsmanagement

- Globaler Industriestandard für Tailings: Global Industry Standard on Tailings
- Leitlinien für verantwortungsvolle Tailingsbehandlung: Guidelines for Responsible Mine Tailings

Wasserwirtschaft

- UNEP Integriertes Management von Wasserressourcen: UNEP Integrated Water Resources Management
- UNESCO-Programm zur Weltwasserbewertung: UNESCO World Water Assessment Programme
- AWS Internationaler Standard für Wasserbewirtschaftung: AWS International Water Stewardship Standard
- CEO Water Mandate: Richtlinien zur Offenlegung von Informationen über Wasser: CEO Water Mandate's Water Disclosure Guidelines
- Aquädukt Wasser-Risiko-Atlas: Aqueduct Water Risk Atlas (wri.org)

Beschwerdemechanismen, Berichterstattung über Vorfälle und Überwachung

- Internationaler Rat für Bergbau und Metalle (ICMM), Umgang mit und Lösung von Anliegen und Beschwerden auf lokaler Ebene: Menschenrechte im Bergbau- und Metallsektor: International Council on Mining and Metals (ICMM), Handling and Resolving Local-level Concerns and Grievances: Human rights in the mining and metals sector
- Kufatilia („aufspüren" auf Suaheli) ist eine SMS-basierte Plattform zur Unterstützung der Meldung und Überwachung von Vorfällen durch ein Netz von Organisationen der Zivilgesellschaft im Osten der DRK: Kufatilia ("to track" in Swahili) is an SMS-based platform to support incident reporting and monitoring through the work of a network of Civil Society Organisations in Eastern DRC.

Abhilfe und/oder Wiedergutmachung

- Grundprinzipien und Leitlinien für das Recht auf Wiedergutmachung und Entschädigung für Opfer grober Verletzungen der internationalen Menschenrechtsnormen und schwerer Verletzungen des humanitären Völkerrechts: Basic Principles and Guidelines on the Right to a Remedy and Reparation for Victims of Gross Violations of International Human Rights Law and Serious Violations of International Humanitarian Law

Einschlägige Initiativen

- Auf dem Weg zum nachhaltigen Bergbau: Towards Sustainable Mining
- Die Plattform "Rohstoffausblick": The Raw Materials Outlook Platform
- Einblick in die Materialien: The Materials Insight
- Die Koalition für Wasserresilienz: Water Resilience Coalition

Literaturverzeichnis

Bibas, R., J. Chateau and E. Lanzi (2021), "Policy scenarios for a transition to a more resource efficient and circular economy", *OECD Environment Working Papers*, No. 169, OECD Publishing, Paris, https://doi.org/10.1787/c1f3c8d0-en. [8]

Danielsen, F. (2021), "The Concept, Practice, Application, and Results of Locally Based Monitoring of the Environment", *BioScience*, Vol. 71/5, pp. 484-502, https://doi.org/10.1093/biosci/biab021. [42]

EC Joint Research Center (2021), *Collection of available techniques for the prevention or reduction of environmental impacts in non-energy extractive industries (NEEI)*, https://publications.jrc.ec.europa.eu/repository/handle/JRC125247 (accessed on 2023). [39]

European Union (2021), *Capacity4Dev: Strategic Environmental Assessment*. [23]

Garbarino, E. et al. (2021), *Collection of available techniques for the prevention or reduction of environmental impacts in non-energy extractive industries (NEEI), EUR 30827 EN, Publications Office of the European Union, Luxembourg*. [18]

Global Industry Standard on Tailings Management (2020), , https://globaltailingsreview.org/ (accessed on 2023). [41]

IAIA (n.d.), *International Association of Impact Assessment*, https://www.iaia.org/uploads/pdf/Fastips_18%20Scoping.pdf (accessed on 2023). [22]

IBAT Alliance (n.d.), *Integrated Biodiversity Assessment Tool*, https://www.ibat-alliance.org/ (accessed on 2023). [21]

IEA (2021), *The Role of Critical Minerals in Clean Energy Transitions*. [3]

IFC (2013), *Cumulative Impact Assessment and Management: Guidance for the Private Sector in Emerging Markets*, https://www.ifc.org/wps/wcm/connect/58fb524c-3f82-462b-918f-0ca1af135334/IFC_GoodPracticeHandbook_CumulativeImpactAssessment.pdf?MOD=AJPERES&CVID=kbnYgI5 (accessed on 2023). [14]

IFC (2012), *Biodiversity Conservation and Sustainable Management of Living Natural Resources*, https://www.ifc.org/en/insights-reports/2012/ifc-performance-standard-6 (accessed on 2023). [31]

IGF (2021), *Guidance for Governments: Environmental management and Environmental management and*, https://www.igfmining.org/resource/guidance-for-governments-environmental-management-and-mining-governance/ (accessed on 2023). [40]

IGF (2017), *Global Trends in Artisanal and Small-Scale Mining (ASM): A Review of Key Numbers and Issues*, IISD, https://www.iisd.org/system/files/publications/igf-asm-global-trends.pdf. [10]

Lead Recycling Africa Project (2016), *Findings from Lead Recycling Africa Project*, https://www.oeko.de/oekodoc/2549/2016-076-de.pdf. [25]

Maddox, T. et al. (2019), *Forest-Smart Mining: Identifying Factors Associated with the Impacts of Large-Scale Mining on Forests*. [47]

Moore, K. et al. (2020), "The re-direction of small deposit mining: Technological solutions for raw materials supply security in a whole systems context", *Resources, Conservation & Recycling*, Vol. 7, https://doi.org/10.1016/j.rcrx.2020.100040. [11]

OECD (2023), *OECD-Leitsätze für multinationale Unternehmen zu verantwortungsvollem unternehmerischem Handeln*, OECD Publishing, Paris, https://doi.org/10.1787/abd4d37b-de. [16]

OECD (2021), *Costs and Value of Due Diligence in Mineral Supply Chains - OECD Position*, https://mneguidelines.oecd.org/costs-and-value-of-due-diligence-in-mineral-supply-chains.pdf. [48]

OECD (2021), *Policy scenarios for a transition to a more resource efficient and circular economy*, OECD Publishing, Paris, https://doi.org/10.1787/19970900. [5]

OECD (2021), *The role of OECD instruments on responsible business conduct in progressing environmental objectives*, https://mneguidelines.oecd.org/The-role-of-OECD-instruments-on-responsible-business-conduct-in-progressing-environmental-objectives.pdf. [7]

OECD (2021), *Trends in Stakeholder Reporting: Mineral Supply Chains*, https://mneguidelines.oecd.org/trendsinstakeholderreportingmineralsupplychains.htm. [13]

OECD (2020), *Environment at a Glance 2020*, OECD Publishing, Paris, https://doi.org/10.1787/19964064. [4]

OECD (2019), *Business Models for the Circular Economy: Opportunities and Challenges for Policy*, OECD Publishing, Paris, https://doi.org/10.1787/g2g9dd62-en. [6]

OECD (2019), *Global Material Resources Outlook to 2060: Economic Drivers and Environmental Consequences*, OECD Publishing, Paris, https://doi.org/10.1787/9789264307452-en. [2]

OECD (2019), *Global Material Resources Outlook to 2060: Economic Drivers and Environmental Consequences*, OECD Publishing, Paris, https://doi.org/10.1787/9789264307452-en. [17]

OECD (2019), *OECD-Leitfaden für die Erfüllung der Sorgfaltspflicht zur Förderung verantwortungsvoller Lieferketten für Minerale aus Konflikt- und Hochrisikogebieten: Dritte Ausgabe*, OECD Publishing, Paris, https://doi.org/10.1787/3d21faa0-de. [24]

OECD (2018), *OECD Due Diligence Guidance for Responsible Business Conduct*, OECD, https://mneguidelines.oecd.org/OECD-Due-Diligence-Guidance-for-Responsible-Business-Conduct.pdf. [15]

OECD (2017), *OECD-Leitfaden für die Erfüllung der Sorgfaltspflicht zur konstruktiven Stakeholderbeteiligung im Rohstoffsektor*, OECD Publishing, Paris, https://doi.org/10.1787/9789264285026-de. [51]

OECD (2016), *Biodiversity Offsets: Effective Design and Implementation*, OECD Publishing, Paris, https://doi.org/10.1787/9789264222519-en. [32]

OECD (2016), *FAQ on Sourcing Gold from Artisanal and Small-Scale Miners*, http://mneguidelines.oecd.org/FAQ_Sourcing-Gold-from-ASM-Miners.pdf. [12]

OECD (1996), *OECD GUIDELINES FOR TESTING OF CHEMICALS. PROPOSAL FOR UPDATING GUIDELINE 305. Bioconcentration: Flow-through Fish Test*, https://www.oecd.org/env/ehs/testing/E305_Fish%20Bioaccumulation.pdf. [49]

SER (n.d.), *International Responsible Business Agreement for the Metals Sector*, https://www.imvoconvenanten.nl/en/metals-sector/convenant (accessed on 2023). [28]

Stepenuck, K. (2015), "Individual- and community-level impacts of volunteer environmental monitoring: a synthesis of peer-reviewed literature", *Ecology and Society*, Vol. 20/3, https://doi.org/10.5751/ES-07329-200319. [43]

Stepenuck, K. (2013), *Improving understanding of outcomes and credibility of volunteer environmental monitoring programs. Dissertation. University of Wisconsin–Madison, Madison, Wisconsin, USA.*. [44]

Sydow, J. et al. (2021), *Environmental responsibility through supply chains: Insights from Latin America.*. [45]

The Cyanide Code (n.d.), , https://cyanidecode.org/ (accessed on 2023). [36]

UN (2022), *A/76/L.75, The human right to a clean, healthy and sustainable environment : draft resolution*, https://digitallibrary.un.org/record/3982508?ln=en. [29]

UN (2013), *Minamata Convention on Mercury*, https://mercuryconvention.org/en/documents/minamata-convention-mercury-text-and-annexes (accessed on 2023). [37]

UN (2005), *Resolution 60/147 Basic Principles and Guidelines on the Right to a Remedy and Reparation for Victims of Gross Violations of International Human Rights Law and Serious Violations of International Humanitarian Law*, https://www.ohchr.org/en/instruments-mechanisms/instruments/basic-principles-and-guidelines-right-remedy-and-reparation. [46]

UN (1992), *Convention on Biological Diversity*, https://www.cbd.int/convention/text/. [30]

UNEP (2022), *How disposable tech is feeding an e-waste crisis*, https://www.unep.org/news-and-stories/story/how-disposable-tech-feeding-e-waste-crisis. [26]

UNEP (2019), *Gloabl Resources Outlook 2019*, https://www.resourcepanel.org/reports/global-resources-outlook. [50]

UNEP (n.d.), *E-WASTE 2.0*, https://wedocs.unep.org/bitstream/handle/20.500.11822/7587/e_waste_infog_en.pdf?sequence=5&amp%3BisAllowed=y%2C%20Chinese%7C%7Chttps%3A//wedocs.unep.org/bitstream/handle/20.500.11822/7587/-E-waste_20_Recycling_for_sustainability-2016E-waste_infog_zh.pdf.p (accessed on 2023). [27]

UNISDR (2008), *Developing Early Warnin Systems: A Checklist: EWC III Third international Conference on Early Warning 27-29 March 2006 at Bonn, Germany*, https://www.unisdr.org/files/608_10340.pdf (accessed on 2023). [19]

United Nations Framework Convention on Climate Change (2016), *Decision 1/CP.21 Adoption of the Paris Agreement FCCC/CP/2015/10/Add.1, par. 133,*, https://undocs.org/en/FCCC/CP/2015/10/Add.1. [1]

US EPA (n.d.), *Mercury Specific Laws and Regulation*. [38]

World Bank (2022), *Forest-Smart Mining : Guidance to Applying Nature-Based Solutions in the Large-Scale Mining Sector*, https://policycommons.net/artifacts/2419759/forest-smart-mining/3441396/ (accessed on 2023). [35]

World Bank (2021), *Developing Forest-Smart Artisanal and Small-Scale Mining (ASM) Standards*. [34]

World Bank (2020), *Minerals for Climate Action: The Mineral Intensity of the Clean Energy Transition*, https://pubdocs.worldbank.org/en/961711588875536384/Minerals-for-Climate-Action-The-Mineral-Intensity-of-the-Clean-Energy-Transition. [9]

World Bank (2019), *Forest-Smart Mining: Identifying Factors Associated with the Impacts of Large-Scale Mining on Forests*, https://openknowledge.worldbank.org/entities/publication/55579809-e147-5c25-a222-d976a8fac8db (accessed on 2023). [33]

World Resources Institute (2021), *Aqueduct Water Risk Atlas*, https://www.wri.org/data/aqueduct-water-risk-atlas. [20]

Anmerkungen

[1] Es gibt keine eindeutige Liste von Mineralen, die für die Energiewende und den digitalen Wandel kritisch sind, und die Bewertung der Kritikalität eines Minerals kann sich im Laufe der Zeit und von Land zu Land ändern.

[2] Für weitere Informationen siehe OECD (2023), Netto-Null+: Klimatische und wirtschaftliche Widerstandsfähigkeit in einer sich verändernden Welt nach [OECD (2023), Net Zero+: Climate and Economic Resilience in a Changing World,] OECD Publishing, Paris, https://doi.org/10.1787/da477dda-en.

[3] Eine Teilmenge der vorgelagerten Unternehmen, die am oder in unmittelbarer Nähe des Umwandlungspunktes angesiedelt sind, wie Metallhütten, Raffinerien und internationale Konzentrathändler, werden manchmal als "mid-stream" bezeichnet, um sie von anderen vorgelagerten Unternehmen zu unterscheiden.

[4] Dazu gehören auch Klimaprozesse, einschließlich des Urteils des niederländischen Bezirksgerichts aus dem Jahr 2021, das die Rolle der OECD-Leitsätze für multinationale Unternehmen beim Verständnis der von Unternehmen geschuldeten Sorgfaltspflichten in Bezug auf Verpflichtungen zu Klimaschutzmaßnahmen und Emissionsreduzierung hervorhebt: Milieudefensie et al. v. Royal Dutch Shell plc, https://uitspraken.rechtspraak.nl/inziendocument?id=ECLI: NL: RBDHA:2021:5339.

[5] Zu den parteiunabhängigen Stakeholdern des Rahmenübereinkommens der Vereinten Nationen über Klimaänderungen (UNFCCC) gehören nationale Regierungen, Städte, Regionen und andere subnationale Einrichtungen, internationale Organisationen, die Zivilgesellschaft, indigene Völker, Frauen, Jugendliche, akademische Institutionen sowie Unternehmen, die als Einzelpersonen oder in Partnerschaften handeln.

[6] Siehe Teil I von OECD Globaler Ausblick für Materialressourcen bis 2060: Wirtschaftliche Triebkräfte und Umweltfolgen nach [Part I of OECD's Global Material Resources Outlook to 2060: Economic Drivers and Environmental Consequences (OECD, 2019[2])] oder Kap. 2.1 von UNEP Globaler Ausblick für Ressourcen nach [Chap 2.1 of UNEP's Global Resources Outlook (UNEP, 2019[50]).]

[7] Es ist wichtig, darauf hinzuweisen, dass Ansätze der Kreislaufwirtschaft auf allen Stufen der mineralischen Lieferketten, einschließlich der Gewinnung, angewendet werden können. Zum Beispiel die Rückgewinnung von Mineralen aus mineralischen Abfällen, anstatt sie auf Deponien zu entsorgen, oder die Wiederverwendung/Recycling von Einrichtungen/Geräten.

[8] Weitere Informationen und Ressourcen zu Menschenrechten und Umwelt befinden sich auf der Website des Sonderberichterstatters des OHCHR für Menschenrechte und Umwelt, https://www.ohchr.org/en/special-procedures/sr-environment.

[9] Auch das Produktdesign und die Produktionsverfahren der nachgelagerten Unternehmen sind für eine nachhaltige Entwicklung von entscheidender Bedeutung, da das Produktdesign, die Wahl der in der Produktion verwendeten Materialien und die Recyclingfähigkeit dieser Produkte die Art der auf den Markt kommenden Produkte bestimmen.

[10] Diese Frage wird in dem OECD-Positionspapier über Kosten und Wert der Due Diligence in mineralischen Lieferketten (OECD, 2021[48]) näher untersucht.

[11] Die in den MNU-Leitsätzen ausdrücklich genannten negativen Umweltauswirkungen sind nicht vollständig. Die Expertenarbeitsgruppe für das Handbuch hat weitere ähnliche und spezifischere Auswirkungen ermittelt.

[12] Das Glossar enthält weitere Informationen zur Biodiversität.

[13] Vorbehaltlich einer sich entwickelnden Interpretation können indirekte Auswirkungen je nach den spezifischen Umständen als Beitrag oder als direkte Verbindung im Rahmen der RBC-Beteiligung behandelt werden.

[14] Siehe RBC-Leitfaden, Anhang, Q3 zu den Bedeutungen dieser Begriffe.

[15] See the Glossary for more information on Scope 1, 2 and 3 emissions.

[16] Nach den OECD-RBC-Standards wird die Schwere eines Risikos oder einer Auswirkung nach Ausmaß, Umfang und unwiederbringlichem Charakter bestimmt. Siehe RBC-Leitfaden, Anhang, Frage 3, S. 42

[17] Eine eingehendere Analyse des risikobasierten Ansatzes befindet sich in der vom OECD-Sekretariat erstellten „Hintergrundinformation zu Regulatorischen Entwicklungen in Bezug auf Due Diligence zu verantwortungsvollem unternehmerischem Handeln" (Background note on Regulatory Developments concerning Due Diligence for Responsible Business Conduct) und in der Hintergrundinformation „Umsetzen eines risikobasierten Due-Diligence-Ansatzes ins Recht" (Translating a risk-based due diligence approach into law).

[18] Das Glossar enthält eine ausführlichere Erläuterung der Minderungshierarchie.

[19]Bewährte Methoden für geschlechtsspezifische Due Diligence sind zu finden auf der Plattform für geschlechtsspezifische Due Diligence (Gender-Responsive Due Diligence Platform) (https://www.genderduediligence.org/), auf dem Informationsblatt des US-Außenministeriums zum Umgang mit Risiken für Frauen in Lieferketten (https://www.state.gov/managing-risks-to-women-in-supply-chains/) und bei der Arbeitsgruppe Frauenrechte und Bergbau (https://womenandmining.org/) .

[20] Nach den OECD-RBC-Normen sind relevante Stakeholder Personen, Gruppen oder deren legitime Vertreter, die Rechte oder Interessen in Bezug auf die von den Leitfaden abgedeckten Bereiche haben, die von negativen Auswirkungen im Zusammenhang mit der Geschäftstätigkeit, den Produkten oder Dienstleistungen des Unternehmens betroffen sind oder betroffen sein könnten (MNU-Leitsätze, Kommentar, Kapitel II, Absatz 28 und RBC-Leitfaden, Anhang, Q.8, S. 48).

[21] Siehe zum Beispiel die Erläuterung zum Kommentar zu Kapitel II: Allgemeine Strategien der OECD-Leitsätze für multinationale Unternehmen zu verantwortungsvollem unternehmerischem Handeln (OECD, 2023[16]). Weitere Informationen über die Einbeziehung von Stakeholdern im Rohstoffsektor finden Sie im OECD Due Diligence-Leitfaden für eine sinnvolle Einbeziehung von Stakeholdern im Rohstoffsektor (OECD Due Diligence Guidance for Meaningful Stakeholder Engagement in the Extractive Sector), (OECD, 2017[51]): https://mneguidelines.oecd.org/stakeholder-engagement-extractive-industries.htm.

[22] Zum Beispiel aufbauend auf bestehenden ASM-Standards wie Fairtrade, Fairmined, dem Code von Risikominderung für artisanalen und Kleinbergbau bei Beteiligung am formellen Handel (CRAFT Code), Planet GOLD+, Gemfair, dem Weltbank-Ergänzungsstandard für intelligenten ASM in Wäldern usw.

[23] Diese umfassen Folgendes:

Sektorrisiken sind Risiken, die innerhalb eines Sektors aufgrund der Merkmale des Sektors, seiner Aktivitäten, seiner Produkte und Produktionsprozesse weltweit vorherrschen. Zum Beispiel ist der Rohstoffsektor oft mit Risiken verbunden, die mit einem gro ßen umweltbezogenen Fußabdruck und Auswirkungen auf die lokalen Gemeinden zusammenhängen.

Produktrisiken sind Risiken im Zusammenhang mit Inputs oder Produktionsprozessen, die bei der Entwicklung oder Verwendung bestimmter Produkte verwendet werden. So können beispielsweise Telefone und Computer Komponenten enthalten, bei denen das Risiko besteht, dass die Materialien in Konfliktgebieten gewonnen werden könnten.

Geografische Risiken sind Bedingungen in einem bestimmten Land, die Sektorrisiken wahrscheinlicher machen können. Geografische Risikofaktoren können im Allgemeinen als solche klassifiziert werden, die mit dem rechtlichen Rahmen (z. B. Angleichung an internationale Konventionen), der Staatsführung (z. B. Stärke der Aufsichtsorganen, Rechtsstaatlichkeit, Grad der Korruption), dem sozioökonomischen Kontext (z. B. Armuts- und Bildungsraten, Vulnerabilität und Diskriminierung bestimmter Bevölkerungsgruppen) und dem politischen Kontext (z. B. Vorhandensein von Konflikten) zusammenhängen.

Risiken auf Unternehmensebene sind Risiken, die mit einem bestimmten Unternehmen verbunden sind, wie z. B. eine schwache Unternehmensführung, eine schlechte Vorgeschichte bezüglich der Einhaltung von Menschen- und Arbeitnehmerrechten, Korruptionsbekämpfungsstandards, Umweltstandards oder eine fehlende Kultur von verantwortungsvollem unternehmerischem Handeln.

[24] So bieten beispielsweise die Weltbank-Berichte „Intelligenter Großbergbau in Wäldern" [Forest Smart Mining] (Maddox et al., 2019[47]) und der Weltbank-Ergänzungsstandard für intelligenten ASM in Wäldern [Developing Forest-Smart Artisanal and Small-Scale Mining (ASM) Standards] (World Bank, 2021[34]) eine Reihe nützlicher Kriterien und Indikatoren, um zu bewerten, inwieweit ein Bergwerk seine Risiken bezüglich der Werte der Wälder managen kann.

[25] Beispiele sind Map-X des UNEP (Projekte – MapX) und ASM Spotter: https://www.mapx.org/projects/.

[26] Weitere Informationen über die Rolle von Nachhaltigkeitsinitiativen bei der Due Diligence sind in der Hintergrundinformation über regulatorische Entwicklungen zu finden: Die Rolle von Nachhaltigkeitsinitiativen in der obligatorischen Due Diligence: http://mneguidelines.oecd.org/the-role-of-sustainability-initiatives-in-mandatory-due-diligence-note-for-policy-makers.pdf Weitere Informationen über die von der OECD durchgeführten Bewertungen von Nachhaltigkeitsinitiativen, auch im Bergbausektor, sind hier zu finden: https://www.oecd.org/corporate/industry-initiatives-alignment-assessment.htm.

[27] Sicherheitsdatenblätter sind ein Mechanismus zur Übermittlung geeigneter Sicherheitsinformationen über Stoffe und Gemische, die z. B. die Kriterien für die Einstufung als gefährlich erfüllen oder einen Stoff, der persistent, bioakkumulierbar und toxisch ist (https://echa.europa.eu/documents/10162/2324906/sds_en.pdf/01c29e23-2cbe-49c0-aca7-72f22e101e20).

[28] Biokonzentration/Bioakkumulation ist die Zunahme der Konzentration der Prüfsubstanz in oder auf einem Organismus (bestimmten Geweben davon) im Verhältnis zur Konzentration der Prüfsubstanz im umgebenden Medium. (OECD, 1996[49])

[29] Die Fähigkeit eines Stoffes, bei langfristiger Exposition schädliche Auswirkungen bei lebenden Organismen zu verursachen.https://www.sciencedirect.com/topics/agricultural-and-biological-sciences/chronic-toxicity

[30] "Landschaftsansatz" ist ein Begriff, der verwendet wird, um gemeinschaftliche Initiativen an bestimmten Orten zu beschreiben, die mehrere Sektoren umfassen und über den Maßstab einzelner landwirtschaftlicher Betriebe, Forstwirtschaftseinheiten und Schutzgebiete hinausgehen. Es handelt sich um eine kohärente Intervention auf Landschaftsebene zur Sicherung der Nahrungsmittel-, Faser- und Energieproduktion, zur Verbesserung des sozialen Wohlergehens, der Wassersicherheit und der Erhaltung der Ökosysteme. http://forestsolutions.panda.org/solutions/landscape-approaches

[31] Obwohl ASM-Betriebe nur selten Pläne für die Bergwerksstilllegung und die Nachbergbauphase erstellen und umsetzen, enthält dieses Handbuch Überlegungen für eine schrittweise Verpflichtung in dieser schwierigen Frage.

[32] Weitere Informationen sind auf S. 80-81 des RBC-Leitfadens zu finden.

[33] Die Schwere ist kein absolutes Konzept und kontextspezifisch; wo das Risiko einer potenziellen Auswirkung am wahrscheinlichsten und am schwersten ist, ist spezifisch für das Unternehmen, seinen Sektor und die Art seiner Geschäftsbeziehungen. Die Schwere wird anhand von drei Faktoren bestimmt, die im RBC-Leitfaden dargelegt sind:

- Das Ausmaß: die Schwere oder Ernsthaftigkeit der potenziellen oder tatsächlichen Auswirkungen, z. B. der Grad der schwerwiegenden Auswirkungen auf die Gesundheit und Sicherheit der Arbeitnehmer, das Ausmaß der Erzeugung von Abfällen oder Chemikalien oder der Verlust von Menschenleben oder schwere körperliche Schäden.
- Der Umfang: die Reichweite oder die Ausdehnung der potenziellen oder tatsächlichen Auswirkungen, z. B. die Zahl der betroffenen Personen oder die Größe der Umweltschäden oder anderer Umweltauswirkungen.
- Unwiederbringlicher Charakter bedeutet Unumkehrbarkeit oder jedwede Beschränkung der Möglichkeit, beeinträchtigte Personen oder die betroffene Umwelt wieder in einen Zustand zu versetzen, der dem Zustand vor der negativen Auswirkung entspricht.

[34] Siehe Glossar für Schlüsseldefinitionen.

[35] Siehe Schritt 6 des RBC-Leitfadens und Anhang, Q.48-54.

[36] Einsatz von Mikroorganismen (Bioremediation) oder Pflanzen (Phytoremediation) zur Wiedergutmachung von Böden nach einer Kontamination.

www.ingramcontent.com/pod-product-compliance
Lightning Source LLC
LaVergne TN
LVHW082049051026
849532LV00011B/3539